中島貞夫監督

映画人生60年を語る

まえがき　——中島貞夫監督からもらった至福の時間

僕が初めて見た中島貞夫監督の映画は『あゝ同期の桜』だったと思う。ある映画評論家が書いた新聞記事を読んで、是非ともこの映画を見たくなって映画館へ足を運んだ遠い日の記憶がある。その記事には映画のラストシーンをめぐるエピソードが書かれており、「反戦色が強すぎる」との理由で会社側からいくつものシーンのカット命令が出たという。これに激しく抵抗した中島監督。とりわけ思い入れの強いラストシーンをめぐっては「カットするなら監督を降ります」とまで言って、これを死守したその気概に心魅かれた。注目すべきラストシーンには実写フィルムが使われていた。特攻機が敵艦に体当たりする直前にストップモーションとなり「その瞬間、彼らはまだ生きていた」とテロップが流れる。そして再び画面が動き出し特攻機は敵艦にあたらず海中に突っ込むシーンに「この時から僅か4カ月、戦争は終わった」という字幕が重なり映画は終わるのだが、高校3年生の僕の胸には鮮烈な印象が残った。

それ以降、中島監督はずうっと気になる映画監督の一人であったが、中学1年生の時に『アラビアのロレンス』を見たのがきっかけですっかり洋画ファンになっていた僕は、この頃すでに邦画から遠ざかっていたので、高校・大学時代に見た中島作品は『あゝ同期の桜』の他、わずかに『日本暗殺秘録』と『木枯し紋次郎』だけではなかっただろうか。

そんな中島貞夫監督とお近づきになる機会を得たのは20年近く前、古くからの友人で時代劇映画に造詣の深い岡田榮氏（京都観光サポーター）の導きがあったからだ。当時の僕は医師・歯科医師で組織された協同組合事務局の仕事をしていたが、組合員向け行事の一つとして文化講演会を開催企画し、その講師に中島監督をお招きすることが実現できた。このイベントの企画担当者として打ち合わせでお会いするたびに、職務を離れて映画のことをあれこれ中島監督にたずねたことをよく憶えている。その後も、映画関連イベントや食事会に呼んでいただき、しばしば親しくお話できたことは映画ファンの一人としてまたとない幸運であった。

中島監督のお話は僕ら団塊世代が少年時代に胸を熱くした時代劇の全盛期から始まり、やがて衰退期に向かう映画界を第一線で支え、時代劇だけでなくドキュメンタリー、アクションもの、実録路線や女性映画まであらゆるジャンルにまたがる作品を撮ってこられた監督からしか聞けない興味溢れるものだった。同時にそれはかつて日本のハリウッドと言われた京都における映画史そのものに思え、このような貴重なお話をただ聞き流しているだけではもったいない、何かに残しておかなければとの思いを強くし、岡田氏とも何度も相談を重ねていた。

その企画が実現することになったのは、僕の定年退職前後のこと。映画人生60年を迎えられたのを機に、中島監督が東京大学卒業と同時に東映京都撮影所へ赴任された１９５９（昭和34）年から今日までに取り組まれた映画づくりとそこで出会われた映画人たちの思い出を、聞き書き原稿にまとめ僕のイラストを添えることになったのだ。この記事は『京都新聞』に「心に残る人と作品」として連載され、つづいて『京都民報』に「京都で出会った俳優たち」と題して２年間長期にわたって連載してもらった。また中島監督が製作現場で経験された映画づくりの各プロセスが、この60年間でどのように変遷していったか、という興味深い話を引き続き聞かせていただいた。さらにこれに先立って２０１８（平成30）年に出版した拙著『中島貞夫監督と歩く 京都シネマスケッチ紀行』を含めると5年以上、聞き書きのためのヒアリングで中島監督のご自宅へ１００回近くおじゃましたことになるかも知れない。その間、映画素人の僕の質問に快く応え、話題によっては「古い話なのでもう忘れてしまったよ」と笑いながらも、話せば話すほどに湧き出るような記憶力に何度も驚かされたものだが、新作映画への取り組みやいくつもの映画祭プロデュースなどご多忙の中、さまざまなお話をお聞かせいただいた中島監督のご厚情には言い尽くせぬ感謝の気持ちでいっぱいだ。

思えば、このヒアリング期間は僕にとって何ものにも代え難い至福のひとときであっただけでなく、実にたくさんのことを学ばせていただいた。

第１に映画が文化史にとって重要な位置づけにあること。20世紀初頭に誕生した映画が政治・経済など社会情勢を反映してどのように発展・変化してきたか、また逆に映画が社会そのものにいかなる影響を与えてきたかなど、長く大阪芸術大学教授を務められた中島監督ならばこそのアカデミックな視点が僕には新鮮だった。そこには日本映画史に主導的役割を果たした京都での映画づくりの最前線におられたことへの自負と誇りが息づいているようにも思えた。

第２に映画づくりが総合芸術であること。僕らが何気なく見ている映画の1本1本が、たくさんの人々の才能と努力の結集によってはじめて生み出されるものであり、人々の共同作業が欠かせないのは言うまでもなく、各人の持てる力を最大限いかに発揮させるか、これが映画監督の肩にかかっていることをあらためて学んだ。中島監督は「アンサンブルの重要性」ということを強調されたが、俳優・スタッフの個性を引き出しながらも全体としての調和を追求することが監督の演出力であり、その土台にあるのは中島監督の人間力に他ならないとの思いを深めた。この聞き書き記事には俳優・スタッフたちが多数登場するが、誰もが多才・多彩な人であるゆえにそれぞれに長所ばかりでなく短所もあるのは間違いない。しかし中島監督からはおおよそ「悪口」らしきニュアンスはまったく出てこない。むしろその人の欠点が人間としての面白さや魅力になることを随分教えられたし、さまざまな裏話を聞くことはあっても、ゴシップにつながる話題がほとんど出なかったこともうなずけるところだ。

第3に会社組織の中で自己主張をいかに堅持するかということ。中島監督は若い頃から「企業内抵抗派」と呼ばれており、冒頭であげた『あゝ同期の桜』のカット問題だけでなく、会社側と揉めて馘を覚悟したり自分から会社を辞めようとしたことが何度もあったと言う。しかし会社を離れることは映画製作の機会が縮小することに他ならず、ひいては京都で映画づくりに関わってきた人々からその伝統的技術を発揮する場所までも奪ってしまうことにつながるのではないか、こう考えた中島監督は企業内にとどまり、その制約の中であっても粘り腰で自分の考えを少しでも実現できるよう苦闘し続けたことが、作品の随所にも見受けられる。また一方で中島監督には「斬り込み隊長」という異名もあった。これは東映が従来路線と異なる新しいジャンルの映画を企画するたびにその先陣を切るのはいつも中島監督だったからであり、フィルモグラフィーを見るとさまざまなジャンルの作品が並んでいるのに驚かされる。

これらが結果として東映のエース監督として衰退期の映画界を支えることになり、しかも京都での映画づくりにこだわり続けた中島監督の60余年の映画人生そのものにつながったとも言えよう。

そんな中島貞夫監督からのお話を聞くことで、僕は郷愁風景としての映画をその中に探していたのかも知れない。そして映画文化という昭和にあった良きものの典型を確かにそこに見出すことができたのでははないかと思っている。

スケッチエッセイスト　大森　俊次

第1章 心に残る人と作品

第2章 京都で出会った俳優たち

第3章　映画づくりの変遷

第1章

心に残る人と作品

1

東映京都撮影所へ

ここは太秦にある東映京都撮影所。言うまでもなくかつて「日本のハリウッド」と呼ばれた京都での映画づくりの一大拠点であり、たくさんの映画人たちの夢や青春エネルギーが躍動した場所である。

日本映画界の巨匠の一人で、これまで63本の映画を世に送り出し、2020年春、第43回日本アカデミー賞会長功労賞に輝いた中島貞夫監督の映画人生もここからスタートした。戦後映画の隆盛期に京都に来て以降、その盛衰の中でひたすら映画づくりに邁進した映画人生60年をふりかえりながら、心に残った映画人や懐かしい作品について語ってもらった。

東京大学文学部で美学を学んでいた中島監督は、ギリシャ語や演劇に興味をもったことから、仲間たちと「東大ギリシャ悲劇研究会」（略して「ギリ研」）を立ち上げた。これがのちの映画作家への長い道のりの第一歩になろうとは中島監督本人も思いもよらなかったと言う。

「ギリシャ悲劇には、あらゆる演劇の原型がいっぱい詰まっているんですよ。とくにソポクレスの『オイディプス王』は非常に哲学的で面白く、これを自分たちで上演しようと考えてテキストレジ（翻案）を書き、日比谷野外音楽堂での公演を演出しましたが、実を言えば大赤字を覚悟していたところ、全国紙が取り上げてくれたおかげで客入りもよく、演劇誌の好評も得て大成功でした」と、中島監督は若き日をふりかえる。

学生時代の演劇仲間の中には、脚本家の倉本聰やプロデューサーの村木良彦もいたということから、その水準の高さがわかるというものだ。

そんな「演劇青年」の中島監督が、1959（昭和34）年、東大卒業と同時になぜ映画界に入ることになったのか。

「卒業後の進路として、大学の美学研究室、劇団の文芸部などの選択肢もあったのですが、その当時全盛

太秦東映京都撮影所門

期であった映画界の方が面白そうだなと思ったのが正直なところです」

当時の映画界の大活況を示す数字としてよく取り上げられるとおり、前年1958（昭和33）年の年間観客動員数11億2700万人は史上最高で、当時の日本人口を約1億人として国民の全員が1年で11回以上も映画館に足を運んでいたことになる。映画こそが娯楽の王者と言っても決して過言でない時代だったから、助監督は「なりたい職種ベストテン」に入っており、競争率も相当高かったに違いない。

では中島監督はなぜ東映に、というのがまた実に興味深い話だ。

「東映の大川博社長の息子の家庭教師が僕の友人であったという奇妙な縁で大川社長に会ったのですが、その友人が『こいつは左翼です』というような紹介をしたところ、『左でも右でも儲けさせてくれたらいいよ』と言う大川社長に、こりゃあ面白いなあと思ってしまったのがきっかけです」

大川社長はもともと映画畑の人ではなく、戦前の鉄道省出身で東急電鉄を経て五島慶太に請われて東映社長になったという前歴があった。

「当時の映画は予算超過や製作期日延長が普通のことでしたが、映画を知らない大川社長は期日・予算内を徹底する『予算主義』を打ち出し、映画づくりに経営学を導入したわけです。その一方で赤字を出しながらもアニメ部門を企業化する先見性も持った人でした」

中島監督は大川社長の思い出を懐かし気にこう結んだ。

そんな縁もあって、他社ではなく東映の入社試験を受けた中島監督だが、東映で活躍している内田吐夢や今井正たち名監督への秘かなあこがれがあったのは間違いないようだ。また松竹、東宝、大映、日活などに比べて後発ゆえの新しい可能性があり、観客動員数でも他社に抜きん出ていた東映の中に映画づくりの活力を、中島監督は感じ取っていたのかも知れない。

こうして入社した東映には、東京と京都に撮影所があり、技術職として入った新人たちのほとんどが東京撮影所希望だったという。今井正はじめ家城巳代治、関川秀雄ら進歩的監督がいて自由な雰囲気で芸術性の高い作品を製作していたからだろう。

「僕も現代劇をやりたかったので東京を志望していたのですが、本社人事部では新人のうちから何人か京都行きの者を選ぶ必要があり、研修後に一人ずつ説得されました。結果的に僕には京都撮影所行きが命じられたのですが、『お前はギリシャ悲劇をやっていたのか、それは昔の話だから時代劇だな』というのが理由だったんですよ」

そう言って中島監督は笑ったが、おそらくは打たれ強い気骨や現場対応力のようなものを人事担当者は中島監督の中に見い出したのではないだろうか。

何はともあれ、こうして中島監督の映画人生は東映京都撮影所からはじまることになる。同時期、東映チャンバラ映画に夢中になって育った筆者、映画ファンの一人として中島監督の足跡をたどってゆくこととしたい。

2

京都での映画づくりの伝統

1959（昭和34）年5月、中島監督は東映京都撮影所へ赴任する。

そこには伝統的な映画づくり、とりわけ時代劇映画を半世紀以上にわたり製作し続けてきた長い歴史が中島監督を迎えた。

「演劇の起源としてのギリシャ悲劇に興味をもったように、若い頃から僕の中には物事の根源を知りたいと思う習癖があるようで……」と中島監督は何かの話題の中でポツリと語ったことがある。おそらくこの視点が、中島監督自身がその系譜の一端を担うことになる映画づくりの歴史を明らかにしようとする仕事につながったのではないだろうか。

日本映画は京都から始まったと言われる。フランスのリュミエール兄弟がシネマトグラフを発明したのが1895年であったが、経済視察団の一員として渡欧した稲畑勝太郎がシネマトグラフを京都へ持ち帰り、木屋町三条下ルの日本電燈の中庭で試写実験をした1897（明治30）年は、映画発明からわずか2年後のことであった。

その映画が京都の地で大きく発展した経過について中島監督にたずねた。

「その背景には疎水開通による安定した電力供給や島津製作所の変圧器提供ということもありましたが、何と言っても映画発達にとって重要な契機になったのは、従来の映画がすでにある被写体を撮るいわば記録映像であったのに対して、『被写体をつくる』ということであり、その舞台が外ならぬ京都であったわけです」

ここで登場するのが、のちに「日本映画の父」と呼ばれる牧野省三だったと中島監督は言う。

「牧野省三は、西陣の芝居小屋である千本座の経営者でプロデューサーでもあり、義太夫の母に仕込まれ、狂言方も務めていた人でした。彼は面白い被写体をつくるために千本座の役者を総動員して、自らも原作か

本能寺に見立てた真如堂撮影

ら監督まで一人でこなして映画づくりに挑戦します。これが1908（明治41）年、日本初の劇映画と言われる『本能寺合戦』です。残念なことにこの映画はフィルムの一片も残っていなくて、案内チラシからしか内容を知るすべはないのですが、撮影されたのが真如堂だったということがわかっています」

この『本能寺合戦』から百年を経た2008（平成20）年、中島監督を中心にした記念事業として「京都・映画誕生の碑」が建立されたことは記憶に新しく、真如堂の本堂前に建つ記念碑は今も観光客の目をひいている。

「牧野省三の偉大さの一つは、先にあげた真如堂などのロケーション場所に頼るだけでなく、光と影をコントロールして美しい映像をつくるのに必要な撮影所を建設したことです。まず二条城撮影所、つづいて法華堂（上京区御前通一条下ル）、大将軍、等持院など次々と建設した撮影所を足場に、多くの劇映画を世に送り出していきました。とくに『牧野教育映画製作所』と名付けられた等持院では、撮影技術の研究だけでなく、脚本家の育成まで手掛けたのです」

牧野省三の功績として中島監督が次にあげたのが「役者育成」のことだ。

「従来の歌舞伎のような様式化された所作ではなく、人間のリアルな動きができる映画向きの役者を育てることに注力しました。目玉の松ちゃんとして有名な尾上松之助を日本初の時代劇スターに育てたのを皮切りに、阪東妻三郎、片岡千恵蔵、市川右太衛門、嵐寛寿郎、月形龍之介など戦後も活躍することになる時代劇俳優の多くは牧野が育てたことに驚かされますね。映画づくりの重要な3要素を『一スジ（脚本）、二ヌケ（映像技術）、三ドウサ（俳優の動き）』と表現した牧野の言葉は現在もわれわれ映画人に受け継がれています」

このような牧野省三の功績以外にも、京都が映画づくりの中心になった要因があったと中島監督は言う。

「1923（大正12）年の関東大震災で東京の撮影所が壊滅的ダメージを受けたため、東京の映画人たちが大挙して京都へやってきたこと、同時期に時代劇スターが自らのプロダクションでの撮影所を太秦につくったことも大きく影響しています。牧野省三が彼ら独立プロの仕事を支援していることにも感心してしまいます。そして京都で優れた時代劇が生み出された土台には、撮影に必要な豊かな自然環境、神社仏閣などの歴史的景観、装置や小道具に欠かせない伝統工芸品を生む技術力があったことを見落としてはなりませんね」

こう強調する中島監督が助監督として映画人生を始めた60年前、影響を受けた師匠の一人で「マキノの親父」と呼ぶマキノ雅弘監督は、外ならぬ映画の父・牧野省三の長男であることも忘れてはならないだろう。

3

助監督の仕事とは

日本映画発祥の地であり、時代劇を中心に隆盛を誇った京都での映画づくり、中でも飛び抜けて観客動員力が高かった東映は、中島監督が助監督として入社した当時、どんな状況だったのだろうか。

「東映は1951（昭和26）年に設立された比較的新しい映画会社で、戦前からの東横映画を母体にしながら、満映（満州映画協会）帰りの人たちの活動の場として発展したのが一つの特徴だと言えます。牧野省三の次男マキノ光雄はその代表的人物で、この人の手腕がその後の東映を形成しました。子供向けの映画との二本立上映によって観客を急増させたのも彼ですよ」

当時少年期にあった団塊世代の足を映画館へ向けさせることに成功したといわれる『笛吹童子』、『紅孔雀』などの「新諸国物語シリーズ」がこれにあたる。

「一方、戦前からのスターでそれぞれ独立プロを持っていた片岡千恵蔵や市川右太衛門を重役として迎え入れ、この『御大』と呼ばれる二人を筆頭に、大友柳太朗、東千代之介、中村錦之助（のちの萬屋錦之介）、大川橋蔵そして美空ひばりという7大スターを中心にした娯楽時代劇が次々とつくられていました。これがプログラムピクチャーというもので、とくに大川博社長の打ち出した徹底した『予算主義』の下で、今日からは想像もつかない年間百本という量産体制だったんですよ。作品の封切日を見ても、観客数が期待できる正月とお盆にはオールスター映画、春と秋の連休には準オールスターや人気の高い映画をあてていました。そうそうゴールデン・ウィークやシルバー・ウィークという言葉ももともと映画界がつくったものですから」

この「スターシステム」と「量産体制」のもと、「東映京都撮影所では歩いている者はいない、誰もが走っている」と言われた、まさにその現場へ中島監督は放

赴任早々行かされた饗庭野ロケ

り込まれることになった。

「研修を終え、特急つばめで京都へ夜に着いた翌朝、『長靴を買って行け』と言われて連れて行かれた最初の仕事が滋賀県饗庭野（現高島市）、加藤泰監督の『紅顔の密使』の合戦シーンのロケ現場でした。とにかく僕ら助っ人は、泥だらけになってエキストラとして集められた地元中学生の世話をしていました。その後も松田定次監督の『水戸黄門 天下の副将軍』では、二条城東大手門から入ってくる大名行列を撮影するために、堀川通のアスファルトの上に砂をまいたり……まあ、とにかく何でもやらされましたから、映画芸術や文化とは程遠いスタートでしたね」と中島監督が笑う。

ここであらためて、助監督の仕事について詳しく聞いてみた。

「1本の映画ごとに通常は3人の助監督がつき、チーフは監督を補佐して全体を統括し、セカンドやサードは先に言ったとおりで、まあ『何でも屋』ですね。監督やチーフの指示で下調べ（時代考証）をしたり小道具や衣装など撮影に必要なものを準備するのですが、キャメラや照明のような技術的な専門スタッフとは異なり演出や製作管理に立ち入ることにもなります」

こう説明する中島監督だが、当初は思わぬ苦労もあったようだ。その一つが聞き慣れない関西弁と独特の活動屋用語にとまどったこと、もう一つは叩き上げの活動屋たちとのつき合いである。

「本社での研修中に何度も聞いた話によると、京撮（京都撮影所のこと）は大変なので勤まらずに東京へ逃げ帰った大学卒の助監督がかつて何人もいたらしい。やはり映画づくりの現場は典型的な職人気質の世界で、とくに小道具係にはコワイ人がたくさんいたので、機会あるごとに彼らと酒を飲んだことが僕の場合はよかったようで、そのうちに居心地よくなったように記憶しています」

ここでも中島監督の打たれ強さやギリ研で鍛えた人心掌握術が発揮されることになったのかも知れない。そんな助監督生活が始まった翌年１９６０（昭和35）年、東映は量産体制にさらに追い打ちをかけるかのように「第二東映」を設立した。これは東映作品を封切る系列館を増やすためであり、当然配給する映画本数を倍加しなければならなくなる。京都撮影所はひときわ忙しくなり助監督が足らなくなったために、入社1年を経ずに中島監督はセカンド助監督に抜擢されることになった。

そんな多忙を極めた助監督時代に出会った大スターたちとのエピソードについて、中島監督は楽しそうに語った。

「当時の大スター中村錦之助が撮影スタジオになかなか出てこないので呼びに行った時のこと、こちらもスケジュールが押していたのでつい声を荒げると、『生意気な奴だ！』とちょっと揉めてしまったことがあります。また美空ひばりを屋根のセットへ連れて上がった時に、彼女が足を滑らせたためこっちまでがズルズルっと引っ張られたら、『うちのお嬢に何すんの！』と彼女の母親に怒鳴られたことも……ただ錦之助ともひばりとも、その後に仲良くなって『そんなことあったかな』と笑い合ったことも懐かしい思い出です」

4

助監督時代に出会った名監督たち

1959(昭和34)年の東映入社から、監督デビューを果たす1964(昭和39)年まで5年間の助監督時代に中島監督は、その後の映画人生に多大な影響を受けることになる監督たちの下で仕事をしている。今も「師匠」と仰ぐ4人の名監督との出会いの一つ一つをかみしめるように中島監督が語り始めた。

「まずあげたいのは、正式に助監督として付き一番たくさんの映画で一緒に仕事をしたマキノ雅弘監督です。映画の父・牧野省三の長男で、子役から映画の世界に入り19歳でもう監督をしていたという人で、口は悪いし早口の関西弁でまくしたてるし、言葉に主語がなかったので、初めは何を言われているのかさっぱりわからず、トンチンカンなことをしてよく怒鳴られましたね。僕には怒鳴り易かったのか、なんでも言いつけられて、そのおかげで演出技法、脇役を含めた役者の活かし方などたくさんのことを教えられました」

その生涯で300本近くの映画をつくった伝説的人物であり、中島監督が「マキノの親父」と親し気に呼ぶだけあってエピソードも多くて話題が尽きない。

「仕事が終わると毎日のように昔話を聴かされたものですが、なにしろ主だった映画会社をすべて渡り歩き多くの映画人と付き合ってきた人だったから、映画づくりの裏表、役者のことなど、京都映画史に関するあらゆることが話題になりました。とくに父・牧野省三との辛い思い出では涙を流しながら話す人間味のある師匠でした」

マキノ監督の次に話題になったのは、「明るく楽しい東映」を代表するような沢島忠監督のことだ。

「正直言えば学生時代に東映時代劇はあまり見ていなかったので、入社が決まった時、慌てて見に行った一本が、沢島忠監督の『一心太助 天下の一大事』。とても新鮮で面白くスピード感に魅力を感じましたね。その後、『一心太助 男の中の男一匹』でサード助監督として付いてみて、そのテンポの速さが作品に躍動感を与えていることがよくわかりました」

特報を撮った長岡天神馬場でのロケ

中島監督にとって師匠というよりは「いい兄貴分」みたいな存在だったようだが、少し後のこと、中島監督の書いたシナリオを初めて映画化してくれたのは沢島監督だったと言う。

「1962（昭和37）年、『ひばり・チエミの弥次㐂多道中』のシナリオを、のちに脚本家となる高田宏治と二人で書いて『高島貞治』という二人の合成名でタイトルにのったことも忘れられません」

沢島監督の後に付いたのが、まったく個性のちがう田坂具隆監督であったことは、後の中島監督の映画人生にとって大きな意味をもっていたと言えよう。

『親鸞』、『続親鸞』（ともに1960年）、そして『ちいさこべ』（1962年）の3本で助監督として付いた田坂監督はもともと日活で活躍していたのを東映へ招いた経過もあり、これまで付き合った監督たちとは異質な学究肌の人でした。『親鸞』の撮影に入る前には田坂監督の指示で比叡山や青蓮院へ経文を調べに行ったり、『ちいさこべ』では子役俳優たちの演技指導を任されたり、初めて助監督らしい仕事をしたという満足感もありました」

田坂監督からは独自の撮影テクニックなど多くを学んだと言う中島監督だが、この時がシナリオを書く機会となったこともありがたかったとふりかえっている。

「田坂監督自身の体調の問題から夏休みがあり夜間撮影も少なかったので、多少の時間的余裕が出来たことで若い助監督たちとシナリオ誌を発行したり、テレビの連続時代劇の脚本をペンネームで2年間書きました」

その時に中島監督が書いたテレビ時代劇『織田信長』、『高杉晋作』は、日曜日のゴールデンタイムに放映された人気番組であったので筆者もよく憶えている。

次に中島監督が師匠の一人としてあげたのは今井正監督である。すでに映画史に残る名作映画を多く生み出していた今井監督とのつき合いのきっかけになったのも実はシナリオが関わっていたと言う。

「今井監督は僕がシナリオを書いていることを知っていて、『武士道残酷物語』（１９６３年）のセカンド助監督として準備段階からシナリオとくに台詞直しを仰せつかりました。しかも現場では時代劇の所作指導までやらされるはで随分こき使われましたが、今井監督は人使いが上手くて、僕自身も気分よく尽くしましたね。処刑場シーンを撮るために数台のトラックに撮影機材を積んで長岡天神の馬場までロケに行った時のこと、エキストラを含めて準備を完了し、予告編に先行する特報まで撮った後で今井監督が『このシーンは大群衆よりも個々の芝居をじっくり撮りたい』と言い出して、結局、撮影所内のステージに急遽セットを組むことになったなあ」と中島監督は笑う。

このように自分の映像イメージを大切にする今井監督は、次の『仇討』のロケハンティングにも中島監督を同行させたが、結果的に助監督に付くことは実現しなかった。中島監督自身が監督デビューを果たしたためだ。

「ただロケハンでは西日本各地を今井監督と二人して車で回ったので、その間、さまざまな話を聞く絶好の機会になりました。とくに会社の求めてくる仕事の中で自分のポリシーを打ち出すことの大切さを教えてもらったことはとてもありがたく、監督人生の指針になりました」

こうした個性豊かな名監督をとおして映画づくりの面白さや奥深い魅力を学んでいった5年間に、日本映画をとりまく環境が急激に変化していた。

5

初監督、そのあとさき

中島監督が助監督として過ごした5年間に、映画界はどのように変化していたのだろうか、監督デビューの話の前提として、まず聞くことにした。

「僕が東映に入社した1959（昭和34）年は、皇太子（現在の太上天皇）ご成婚パレードの実況放映を機に白黒テレビが一挙に普及し、やがてテレビ受信契約数が1000万台を突破すると映画観客数が激減していきました。1964（昭和39）年の東京オリンピック開催時のカラーテレビ普及がさらなる一撃となって、娯楽としての映画は衰退期に入ってしまいました」

洋画邦画を問わず観客数が低下した映画界にあって、東映では従前のようなスター中心の企画では観客が呼べないという危機感から新しい方向が模索され、これを担う若い才能が頭角を現わす土壌があったとも言えよう。

「以前からシナリオを書くことが監督になるための条件と言われていたので、助監督たちの中でシナリオを書こうという機運があったんです。そこでシナリオ集出版への援助をして欲しいと僕が代表して会社に談判したところ、まるでそれを待ち望んでいたかのように快諾してくれたのが、当時の京撮製作部長の岡田茂（のちの社長）でした」

この時期に中島監督たちが突破口として一致協力した作品が、山下耕作監督の『関の弥太ッペ』や山内鉄也監督の『忍者狩り』であり、いずれもが従来の「明るく楽しい東映時代劇」とは異質なものを感じさせ見応えある作品として注目された。こうして中島監督の話はいよいよ初監督作品に移ることになるが、それは岡田茂が東京撮影所から京撮へ戻ってきた1964（昭和39）年のことだった。

「ある日、岡田所長から『おい、何か新しい企画を出せよ』と声をかけられました。その頃、僕は山本周五郎の『ちゃん』の映画化を秘かに考えていましたか

関係者以外入室禁止のスタジオ撮影

ら、まさかこれが自分の監督デビューにつながるとも思わずに、冗談半分で当時話題になっていた山田風太郎原作の『くノ一忍法帖』を口にしたんですよ。最初は『そんなもん映画になるか!』と一蹴していた岡田所長が、しばらくして『あれ面白そうだから、いっぺん脚本にしろ』と言い出した。『いやあれは冗談で』と言葉をにごしているうちに、『あんなもんを監督する者はおらんから、お前が自分でやれ』ということになってしまったわけです」

当初、勘弁して欲しいと辞退していた中島監督がこれを映画化するに至った経過には、旧来の時代劇からの脱却をめざす岡田所長のねらいだけでなく、中島監督の反骨の気概も読み取れる。中島監督は弱冠29歳、当時の京撮では異例の抜擢であった。

「正直えらいことになったなと思ったものの、今さら後へも引けず東大同期生の倉本聰に京都へ来てもらって二人して脚本を書き、思い切った様式化のためにオールセット撮影にしました。ただ当時の東映の美術の力量もあって、少々中途半端だったかな」

こう反省する中島監督だが、『くノ一忍法』(1964

年）は東映の「健全娯楽路線」へのアンチテーゼとしてのエロチック時代劇であるだけでなく、女の側から描くという意味でも大きな転機となったのは間違いない。ただこれまでの東映時代劇とは異質であったゆえの苦労も多くあったと言う。

「まず裸になってくれる人が東映のお姫様女優の中にはいなかったので、当時ニューフェイスだった三島ゆり子を説得したり、撮影中のスタジオ前に『関係者以外入室禁止』の看板を立てたり……そうそう『お前が一本立ちする時は出てやるから』と以前から言ってくれていた中村錦之助がカンカンに怒って『もう絶交だ！』と言われたりしてね」

当時の新人監督デビューは１０００万円予算の白黒作品が一般的だったところ、２０００万円カラー作品であったことからも、この映画に寄せる会社の期待がわかると言うもので、それに見事にこたえて興行的に成功し、すぐに第2弾『くノ一化粧』（１９６４年）をつくることになる。

「山田風太郎とは何回か会いましたが、映画化に好意的で『くノ一化粧』では原作『外道忍法帖』から離れて面白いところだけを使うことを了解してもらいました。また僕が尊敬していた今村昌平監督も『くノ一忍法』を面白いと言ってくれて、今村監督なじみの個性的俳優の西村晃、小沢昭一、春川ますみ、加藤武、露口茂たちが揃って出演してくれました。おかげでこれもヒットし、まあ幸運なデビューと言えるのかも。こうして思い起こしてみると、僕の映画監督人生は2回の東京オリンピックに挟まれているみたいだなあ」

中島監督は感慨深げに言った。

6

ネチョネチョ生きること

中島監督の初監督作品『くノ一忍法』は、従来の東映時代劇の殻を破り、斬新な様式美、エロチシズム、奇想天外な物語展開で人気を呼び大ヒット、次に「柳の下の二匹目の泥鰌」を狙った『くノ一化粧』でもヒットを飛ばした。

「実は『三匹目の泥鰌』の話もあったんだけど、それは断りました。そうしたら岡田所長が2本をヒットさせた褒美の意味もあったのか、『やりたい企画があったら持って来い』って言ってくれたので、待望の現代劇がやれるチャンス到来と意気込んで出したのが『山窩』をテーマにした企画でした」

中島監督は倉本聰との共同脚本によって、文明社会と距離をおきながら独自の掟で原始生活を送る「山窩」を素材にしたドキュメンタリータッチの映画を構想していた。

「オールセット撮影の『くノ一』とは180度違うオールロケーションでロマンチックな映画詩をつくろうと思っていました。その企画が新鮮だったのか岡田所長もやる気になって付けてくれた題名が『瀬降りの魔女』。相模川の支流にスタッフが泊り込むプレハブを建てるための地ならしまで始めていたところへ、東映本社の大川社長から呼び出され『こんなわけのわからない映画はダメだ！』という中止命令が出てしまったんです。主人公に名前がなくて少年・少女となっていたり、情景描写も抽象的表現が多かったことが受け入れられなかったのかなあ」

半世紀前のこの出来事を、中島監督は今も少し悔しそうにふりかえる。

「抵抗はしたものの、最終的には会社方針で断念せざるを得なかった。ショックで、半年近くフテ寝状態でしたね。もう会社なんかを辞めようかとも思っていたんだけど、京撮の連中になだめられ釜ヶ崎のドヤ街に住み込み取材をしたりして、また何本かシナリオを書いたりしていました」

映像に残る建替え前の京都駅前風景

その頃、中島監督が書いた脚本の一つには、全3話からなるオムニバス時代劇『股旅 三人やくざ』（沢島忠監督）があったし、『旗本やくざ』（１９６６年）という従来の時代劇とは一味違った監督作品も残したものの、現代劇を撮りたいとの思いが消えることはなかった。

「フテ寝から立ち直るエネルギーになったのは、助監督時代にロケーションの現場整理を手伝ってくれていた人たちからの取材でした。彼らは不良なんだけどもやくざ組織には属していない連中で、それを映画化したのが『８９３愚連隊』なんです」

東映では明朗時代劇に代わり不良性感度をもつ「やくざ映画」が新たな路線として登場しつつあったことも影響したからか、その企画がとおって東映京都撮影所にとっては十数年ぶりの現代劇が生まれることになる。１９６６（昭和41）年のことだ。

「当初のシナリオに岡田所長が『八九三愚連隊』と付けたんだけど、これでは『ヤクザ』とも読まれるし漢数字だと何かこっちのねらいとずれるような気もして、撮影用シナリオを印刷する時にそっと算用数字に変えて『893愚連隊』と書き直して出したら、それに決まってしまったわけです」

こうした裏話になると、中島監督の瞳は若者のように輝く。

「京撮では現代劇のセットづくりのノウハウがなかったので、結果としては『山窩』で実現できなかったオールロケーションになりました。京都を舞台にした話だったから、市内の繁華街など隠しカメラでドキュメンタリー風に撮っていて、映画撮影だと知らない通行人を驚かせてしまったこともあったかな」

冒頭シーンで京都市内の俯瞰から京都駅へズームインしていき、1997(平成9)年に建替えられる以前の懐かしい京都駅前風景が見られるのもこの映画の魅力だ。

「主人公はセコイ稼ぎで毎日をしのいでいるチンピラたちで、組織暴力団とは一線を画するアナーキーな存在です。親分・子分というタテ関係のないことから『愚連隊民主主義』という言葉を掲げたりしているんだけど、組織に抵抗する彼らの姿に何か共感できる部分があったことは確かだね」

こうふりかえる中島監督は、30代前半の自らを映画界のチンピラと位置付けることで、挫折感を乗り越えようとしていたのかも知れない。またこの映画が反響を呼んだのも、70年安保を前にした若者たちの反体制気分を先取りしていたからに違いない。

「終幕部分で暴力団から奪い返そうとした1000万円が車ごと燃えてしまいますが、決してチンピラたちの挫折では終わっていない。それが三条大橋でのラストシーンでの松方弘樹のセリフ、『いきがったらあかん……ネチョネチョ生きとるこっちゃ』に集約されており、そこには会社組織の中でもチャンスさえあれば何かできるという自分自身の気持がこめられていたように思います」

『893愚連隊』は東映の新機軸として若者の間で大きな話題となり、中島監督には日本映画監督協会新人監督賞が与えられた。

7 ラストシーンをめぐる思い

1966（昭和41）年に『893愚連隊』を撮ったことで「ふんぎりがついた」と言う中島監督。

「たとえ企業撮影所の制約の中であっても、しぶとく自分なりにやりたいものをつくるという生き方を見つけた感じで、まさに『ネチョネチョ生きる』という気分で監督稼業をつづけていく割り切りだったのかも知れませんね」

その『893愚連隊』の直後に中島監督がつくった映画が2本ある。その1本、『男の勝負』（1966年）をめぐっては興味深い裏話があった。この映画、実は当初の予定では中島監督の師匠マキノ雅弘監督がつくる映画だったらしい。

「すでに話したとおり、助監督としてマキノの親父の作品にはたくさん関わってきたんだけれど、親父は気が乗らなくなると、『この後、撮っといてくれ！』と僕にふっておいて先に帰ってしまうし、まあこっちもいつの間にか『マキノ調』みたいなものがわかっていたから、引き受けたことが結構あってね。『男の勝負』も1週間ほど手伝うつもりで撮り始めていたところ、親父の体調が悪いままで、結局全部まかされることになってしまい、封切に間に合わせるために残りの部分を10日くらいで撮ったんだよ」

この映画のクレジットに「監督：中島貞夫、監修：マキノ雅弘」とあるのはこうした事情だ。

「この流れからもう1本撮ることになった『任侠柔一代』（1966年）は、会社都合で撮らされたといった感じの映画だったんで、結構しんどかったかな。以前から僕の中には『任侠映画』に対する抵抗感があって、そのアンチテーゼで新しいタイプのやくざ映画として『893愚連隊』を撮ったわけですからね」

中島監督を評して、ある評論家が「企業内抵抗派」と呼んだのは、この頃のことだった。同じ時期、一方で中島監督が是非とも撮りたいと心に期し、半年以上

撃墜される特攻機への思いをこめたラストシーン

かけて準備していた企画がある。それが1967（昭和42）年の『あゝ同期の桜』だ。

「僕の高校時代の女友達のお兄さんが海軍飛行予備学生第14期の中にいた方で、彼の手紙を高校時代に読む機会があった僕には、『戦死というのはすべて惨死であり、その多くが犬死である』という思いが強かったんだね。だから特攻による死というもの、そこへ追い込んだ大きな力、そして死を目前に感じながら彼らがどう対話したかを真正面から見つめたかったんです」

中島監督の熱い思いは、共同で脚本を書くことになった14期生き残りの須崎勝彌にも通じて、とくに重要な意味を持つラストシーンをどうするかは、中島監督に委ねられることになったと言う。

「山手線を何度もまわってラストシーンを考えたんだ。特攻機が敵艦に突っ込む直前にストップモーションで『その瞬間、彼らはまだ生きていた』のテロップ。再び動き、敵艦にあたらず海中へ突っ込んだ瞬間に『この時から僅か4カ月、戦争は終わった』のテロップをぶっつけることにしました」

ところが試写を見た会社経営陣から「反戦色が強すぎる」とこのラストシーンを含めて十数分間のカットが命じられたのだった。中島監督はこれに抵抗する。

「だいぶやり合ったあげくに、何か所かのカットは受け入れたんだけど、『ラストシーンをカットするなら、クレジットから僕の名前を外して欲しい、監督を辞めます』とまで言ったもんだから、僕と大川博社長との間に入って、岡田茂所長や俊藤浩滋部長が苦労してくれたんだと思う」

結果的に、中島監督が思いを込めたラストシーンは残すことができたが、妥協案として映画の冒頭に「この一編を太平洋戦争に散った若き英霊に捧ぐ」という字幕が加えられて上映されることになった。このようにさまざまな価値観が問われた作品だけに、俳優たちとのエピソードには興味深い話がいくつかある。

「特攻要員を訓練し出撃を見送る士官役の高倉健が、『自分も彼らと共に出撃させて欲しい』と撮影前夜に言って来てね。役になりきった彼の男気には共感できたから、『苦渋をもって見送る男を健さんらしく演じて欲しい』と説得するのに苦労しましたよ。また出撃組の指揮官役の鶴田浩二は、もともと特攻を『散華』と見ていたので何度もぶつかって、それが2年後の『日本暗殺秘録』（1969年）での確執へつながることになったんだ」

こんな思い出も懐かし気に語る中島監督だが、この映画についての思いはかなり複雑であったことが伝わってくる。

「ラストシーンは死守したものの、ズタズタにカットされた映画は見る気にもなれず、この作品については語るのもやめようと思っていたんですが、これが皮肉なことに大ヒットした。いやあ映画っていうものが得体の知れないものだとあらためて思い知らされましたね。ただ戦争映画だけは二度とつくるまい、そう心に決めました」

中島監督は強い言葉で結んだ。

8

ヒット映画の後、渾沌の中で

1967（昭和42）年、『あゝ同期の桜』は大ヒットしたが、中島監督の思いは複雑だった。

「カット問題で会社側と大揉めに揉めた結果、大川博社長に睨まれて馘になる覚悟だけはしていたんですよ。『その前に1本だけ取り組んでおけ』という岡田所長の言葉に従い着手したのが『大奥㊙物語』（1967年）でした」

この企画はもともと八木保太郎が今井正監督のために書いた『大奥物語』という脚本から始まったものである。

「八木保太郎の脚本は大奥の制度やしきたりを詳しく書き込んでいたから2時間40分くらいの長さで、当時の東映で映画化するにはかなり短くする必要があり、僕が東京へ呼ばれ目黒の寮に1ヵ月泊まり込んで今井監督と一緒に脚本の手直しをしたんだ。しかし社会派の今井監督らしい封建社会下の女性の悲劇がテーマになり、地味過ぎるということでボツになってしまいました」

このような経緯のあった企画だが、再び映画化することになった時、会社は中島監督を指名した。その背景には、『くノ一忍法』でこれまでの東映時代劇からの脱却に成功した実績への評価があったのだろう。

「岡田所長がエロチシズム路線をねらって題名に㊙を加え、女ものオールスターでいこうということで、全3話からなるオムニバス形式になったんです。そこで3話を通して芯が必要になって、山田五十鈴さん演じる大奥取締の御年寄・松島を配することにしたわけです」

山田五十鈴への出演依頼については、中島監督に深い思い入れがあった。かつて学生時代に見た内田吐夢監督『暴れん坊街道』（1957年）での山田の「裾さばき」の見事さが中島監督の脳裏にあり、若い女優たちに挙措動作などの演技指導もしてもらいたかったのだと言う。

扇風機の涼風に癒された大奥廊下撮影

「さすがは大女優、大奥の女たちが御殿や廊下で優雅にターンする難しい歩き方を女優たちに見事に指導してくれました。その時のセット撮影が暑い時期だったので、山田さんの付き人が扇風機を彼女用に持ち込んでいたんですが、その扇風機がいつの間にか僕に向けられていましてね、こんな細かい心配りが出来る女優さんなんだと、あらためて心服してしまいました」

これまで大奥を真正面から描いた映画がなかったため、コスチュームプレイとしての位置づけから事前調査はさぞかし大変だったろうと推察される。

「大奥の女性たちが身分階級によってどのような装束を身に着けていたかを調べる必要がありました。もともと京都の内裏のシステムに準じていたことがわかっていたので、御所勤めの経験者に取材したり文献を読んだけど、細かい部分では最終的に僕自身が決めざるを得なかった。『衣装代3000万円』という封切前の宣伝コピーもあったが、短時日にあれだけの豪華衣装が準備できたのはやっぱり京都の伝統産業の底力だったと思いますよ」

ここでは実証主義に徹した今井監督との脚本直し

の際の調査も役立っており、その後の「大奥もの」の衣装・美術・小道具などの基準が基礎づけられることになった。

「この映画もヒットし年間配給収入ベストテンに入り、まあそのおかげで馘にならずに済んだというわけだね」

そう言って笑う中島監督だったが、会社はすぐに「二匹目の泥鰌」をねらって『続大奥㊙物語』（１９６７年）に取りかかるよう要請してきたことが、思わぬ展開を招くことになる。

「物語としては第1作よりもこっちの方が僕は気に入っていたかなあ。将軍の死後、お手付き中﨟たちは尼寺へ行かされるという大奥の非人間性とそれに伴い生じるドラマが感じられたからね」

しかし主演の嵯峨三智子の途中降板という大トラブルがあって封切期日に間に合わせるための厳しい撮影日程に追い込まれ、中島監督としてもこの作品は不完全燃焼で中途半端な出来になってしまったとふりかえっている。

「夜間撮影の連続でもう普通の神経ではとてもやってられなくて、酒ばっかり飲んで何やら酒の勢いで撮った感じだったかな。監督として一本立ちして3年を経て、さまざまな問題がどっと押し寄せて来た中で、自分でも方向性が見えなくなり試行錯誤状態だったのかも知れないね。その後の『兄弟仁義 関東兄貴分』（１９６７年）や『尼寺㊙物語』（１９６８年）もやはり会社方針でつくることになったんだけど、どう撮っていいのかわからなくなって、ヤケクソ気味で仕事をしていた感じでした。当然、映画自体も冷ややかな作品に仕上がっていたんじゃないかなあ。興行的に見ても『続大奥㊙物語』、『尼寺㊙物語』ともに不入りでね、『しばらく謹慎します』と岡田所長に言ったのをよく憶えていますよ」

『あゝ同期の桜』、『大奥㊙物語』の連続ヒットの後、30代前半の中島監督は暗中模索、混沌の中にいたとも言えよう。それは70年安保を前にした時代のうねりを反映してのことであったのかも知れない。

9

ドキュメンタリーからオールスターへ

1968（昭和43）年、映画作家として今後何をどのようにつくっていくか、その方向性を見い出せずにいた中島監督。それは一人中島監督の映画人生に投げかけられたものではなく、映画界全体に突き付けられた課題であり、さらに俯瞰すれば、社会そのものが価値観を模索していたことの反映と見ることはできないだろうか。

そんな社会状況の中、前作の不入りから「しばらく謹慎します」と言っていた中島監督だが、長い謹慎期間が許されたわけではなかった。時代のうねりを予感してのことか、岡田茂所長が「ドキュメンタリー映画をやらないか」と声をかけてきたからだ。

「はじめは芸能ジャーナリストの竹中労の企画で日本の風俗をドキュメントで撮れないかというものだったのですが、僕はどうせやるのなら、今という時代そのものを多角的に切り取るドキュメント映画にしたいと考えたんだ。何しろ時代背景として政治的には70年安保を前にした学生運動や反戦運動の高まりがあり、風俗的には昭和元禄やサイケデリックなど多様なものが巷に溢れ、取り上げたい素材がいろいろあったからね」

当初これが興行的に成り立つという目算はなかったが、岡田所長から「製作費1900万円くらいなら使ってもいい」と言われ、中島監督は「今しか撮れないもの」を求めて、5～6人のスタッフと共に東京を中心に撮りまくったと言う。

「牧野省三以来の『被写体をつくること』を前提にした劇映画とは対極にあるドキュメントは、何よりもアクシデントも含めた現実をいかに切り取るかが勝負でしたね。締めくくりには状況劇場の唐十郎の協力を得て沖縄問題までとりあげて、まあ手ごたえを感じることができたかなあ」

中島監督がこうふりかえる映画は、『にっぽん'69 セックス猟奇地帯』というタイトルで1969（昭和

大久保暗殺の紀尾井坂に見立てた糺の森ロケ

44）年に公開され興行面でも成功し、ドキュメント映画という新しいジャンルの可能性を切り拓いた。そしてこの成果が思いがけない経過をたどって1本の映画につながってゆく、それが『日本暗殺秘録』である。

「興行的に成功したドキュメント映画として、次のテーマに選んだのがテロでした。『人を殺すという情念とはなにか』を僕なりに見つめてみたいとの思いで取材しているうちに、暗殺と言えば水戸を抜きにしては語れないのではないかと考え、シナリオライターの笠原和夫と一緒に水戸で取材を始め、血盟団事件に焦点を絞ることになりました」

その背景にも70年安保直前、右翼から極左までの動きが活発化したあの時代ならではの雰囲気があったと中島監督は述懐している。しかし中島監督にとって思わぬ事態が待っていた。大川博社長から呼び出しがあったのだ。

「大川社長とは『あゝ同期の桜』のカット問題で揉めた経過もあり、今度こそ馘を覚悟で会いに行ったんだけど、とても上機嫌でギャラの要る俳優を一切使わないドキュメント映画をヒットさせた褒美にと金一封までもらったんだよ。その時、『今取り組んでいるテロは面白いか?』と社長に聞かれて、思わず『面白いですよ』と返答しておいたら、製作会議で『オールスターでいけ!』という社長命令が出ることになったと、後になって聞いてびっくりしたという次第ですよ」

笑って語る中島監督だったが、ドキュメント構想からの大転換でそれからが大変だったことは想像に難くない。

「オールスター映画なら暗殺史でゆくしかないと考え、鶴田浩二、高倉健、菅原文太、若山富三郎たち当時の東映のトップスターたちそれぞれに見せ場をつくるシナリオづくりで苦労しました。結果的に幕末から昭和までの暗殺事件をオムニバス形式で描きつつ、その中心に血盟団事件を位置づけることにしたわけです」

会社側は任侠映画の延長線上でとらえようとしていたが、中島監督はあえてそのイメージを覆すべく主役には若手の千葉真一を起用した。一方で名実ともオールスター映画にするのに欠かせないキャスティングとして、中島監督が出演を請うことにしたのが、「御大」と呼ばれる大スター片岡千恵蔵だった。

「助監督時代からこれまで僕は片岡御大との仕事上のご縁が全くなかったけど、血盟団の指導者・井上日召役をどうしても引き受けて欲しくて、愛知県の自宅まで頼みに行ったんだ。こちらの熱意が伝わって、坊主頭にするのが嫌だから鬘を使うという条件で出演してもらえることになってね。ところが撮影所で井上日召の写真を見せると、『やっぱり、切らなあかんな』と言って髪を刈ってきてくれた御大の姿には感激しましたね」

このような心魅かれるエピソードが残る一方で、政治的テロというデリケートなテーマに迫ったために製作期間・公開前後に難しい問題も起こった。「そして現代　暗殺を越える思想とは何か」というラストのテロップを含めて、政治・権力・抵抗・暴力など現在もわれわれに数々の命題をつきつけているとも言えよう。

この『日本暗殺秘録』によって、東映の代表的監督の一人に名を連ねることになった中島監督は、やがて70年代に入り任侠映画が衰退に向かう中、東映京都撮影所に新しい活路を切り拓く役割を担うことになる。

10

任侠映画衰退期に股旅ものを

1970年、大阪万博開催に象徴される日本の高度経済成長が最盛期を迎え、その一方で60年代後半に燃え上がった学生運動が急速に衰えていった。そんな社会情勢の下、日本の映画産業は依然として衰退傾向を続け、観客動員数はピーク時（1958年）の4分の1に、映画館数もピーク時（1960年）の2分の1以下になっている。

「世の中は好景気だったのに、映画界全体は年々右肩下がりになっていて邦画大手会社は揃って苦戦を強いられていた中で、実は東映だけが息を吐いていると言われていたんだ。それを支えていたのが任侠映画であり、鶴田浩二、高倉健、藤純子を三大看板にしたシリーズが興行成績をあげていたわけだね」

中島監督は当時の状況をこう語っているが、むしろその任侠路線の本流から距離を置いていた中島監督の姿勢に筆者は興味を覚え、あらためて「やくざ映画」観を聞いてみることにした。

「60年代後半に一世を風靡した東映任侠映画は、親分子分や兄弟分などのやくざ世界の上下関係に基づく義理人情や男気といったものを美化することで、結果としてやくざ組織を肯定することにつながる。これには正直言ってずうっと抵抗感がありました。一口にやくざ映画といってもその幅は大きくて、邦画の一つの流れとして時代劇の中には昔からあり、その源流は『股旅もの』でした。股旅というのは貧困ゆえの棄民の流浪を本質としていて、彼らは無宿者として罪を犯すことにならざるを得ないから、体制や権力との闘いだったわけですね」

この視点から中島監督は、やくざ映画の中でも任侠ものではなく一匹狼や股旅ものへの愛着があって、助監督として関わった『関の彌太ッペ』（山下耕作監督・1963年）やシナリオ参加の『股旅 三人やくざ』（沢島忠監督・1965年）でも渡世人の孤独や悲哀を描いている。さらに中島監督が1966（昭和41）年の『893愚連隊』で組織や任侠道を否定したチンピラ

奥嵯峨でロケした裏街道をゆく紋次郎

たちへの共感を示した理由もここにあると言えよう。

やがてかつての時代劇と同様に、勧善懲悪的なストーリーに定型化された任侠映画にも徐々に観客が飽きてきたことで、70年代に入って急速にその人気が衰えていく。任侠映画を柱にしていた東映では製作方針を転換する兆しが見られ、もう一方で新しい時代劇を求める動きもあった。

「入社から5年間、時代劇の助監督をやっている時には現代劇を撮りたいと思ったんだけど、やはりどこかに時代劇への郷愁のような気分があったし、時代劇でないと描けないものがあることにも気づいたのかなあ。ただし『明るく楽しい時代劇』ではなくて、かつて内田吐夢監督が作ったような時代劇を撮ってみたいという思いが確かにありました」

こうふりかえる中島監督がバイタリティー溢れる時代劇を撮るチャンスが、任侠映画衰退の中でめぐってくる。それが1972（昭和47）年、テレビで市川崑監督・中村敦夫主演で話題になった『木枯し紋次郎』の映画化であった。

「東映での映画化が決まり僕にやれってことになっ

たんで、どうせやるならテレビでは描かれなかった紋次郎がなぜ渡世人になったのかを撮ることにしたんだ。ある男の罪を被って島流しにされ、やがて島抜けして裏切った男を斬りにゆき、その結果として紋次郎が否応なく股旅暮しになるまでの話にしたわけです。だから股旅が決してロマンではなくつらくしんどいものだという観点を貫いてね」

以前の東映時代劇では合羽ひとつをとってみても膝上10センチとリアルでなかったので、抵抗する衣装部に膝が隠れる長さの合羽を作らせた。しかし何よりも時代劇初出演の菅原文太を主役に抜擢したことに中島監督のねらいがあったと言う。

「菅原文太とは以前から付き合いはあったんだけど、『戦後秘話 宝石略奪』（1970年）、『まむしの兄弟』、『現代やくざ 血桜三兄弟』（1971年）で一緒に仕事をする中で感じとった彼の飢餓意識みたいな雰囲気を活かしたいと考えたんだ。彼も僕の求める『アンチ任侠』の方向性をすぐに理解してくれたことも幸いだったね」

時代劇の訓練を受けていない菅原文太ならこそ、従来の時代劇のカッコいい殺陣とは全く異質な動きで、逃げ回り走りながら人を斬るという感じで中島監督の期待に応えることできたのだろう。このことは原作者・笹沢左保をして「菅原文太の方が中村敦夫よりも、自分のイメージ通り」と言わしめたことに集約されている。笹沢は「股旅とは何か」を追求しようとする中島監督の意図に共鳴し、第2作として同年に撮られた『木枯し紋次郎 関わりござんせん』（1972年）では特別出演することになった。

しかし「股旅」の原点を描いた新機軸の『木枯し紋次郎』をもってしても、世の中の「時代劇離れ」は如何ともしがたく、残念ながら時代劇ブーム再燃に結びつくことはなかった。

この時期の出来事として中島監督があげたのが、1971（昭和46）年8月の大川博社長逝去のこと。

「僕の東映入社時のエピソードを含めて、やはり大川社長はこの10余年で関わり深い人だったんで、葬儀にはすぐに駆けつけたよ。馘だと言われたり、褒められて金一封をもらったり、両方経験したのは僕くらいかなと思うなあ。悪評もあった一方で人間臭いところがあり、今日のアニメ映画の基礎をつくった点では先見性をもった経営者だったんだろうね」

11

暴走する青春の行方

大川博に代わって東映を率いることになった岡田茂社長は、中島監督のことを「斬り込み隊長」と呼んでいた。これは1960年代半ばから衰退に向かう映画界にあって、世の中が求める映画づくりを模索し、会社が新しいジャンルに挑戦する時、その多くの作品を中島監督の手に委ねたことを表わす言葉だ。

時代劇にエロチシズムを大胆に取り入れた『くノ一忍法』、京撮久々の現代劇をオールロケで撮った『893愚連隊』、特攻を真正面からとらえ特撮にも挑んだ『あゝ同期の桜』、女性路線、大奥ものの嚆矢となった『大奥㊙物語』、ドキュメンタリー手法を駆使した『日本暗殺秘録』、そして新機軸で時代劇再生をねらった『木枯し紋次郎』など、これらは東映が活路を切り拓く際に生み出された映画と言えよう。

「僕は体質的にどうも一つのパターンを展開させてゆくというのが苦手で、どうせ撮るのならこれまでとは全く異質なものに取り組んでみたいという欲求が強かったみたいだね。その後もシリーズ化されると他の監督に任せる傾向は続いていたからなあ」

自らの体質をこう語る中島監督だが、それを見抜き存分に力量を発揮させた岡田社長も、やはり優れた経営者であったことは間違いない。任侠映画が衰退・終焉に向かったこの時期、さまざまなジャンルの映画を中島監督の手で世に送り出しており、それが如実に示された結果、1971（昭和46）年～1976（昭和51）年は中島監督の多作の時期となった。

「今から思うと、この6年間で何と26本の映画を撮っています。3カ月弱で1本の勘定になるから、われながらよくやれていたなあと感心してしまいますし、スタッフ、キャストを含めてまあ若かったからできたことでしょうね」

このように名実ともに東映の主力監督として活動する中島監督が、初めて社外作品を撮ることになる。

暴走する大型バスを並走の車から撮る

1973（昭和48）年の『鉄砲玉の美学』がそれだ。

「これはATG（日本アート・シアター・ギルド）作品で、1000万円をATGが提供してくれるのですが、形式的には会社を立ち上げる必要があり、僕自身の資金だけでは不足で菅原文太や鈴木則文たち親しい連中にも出資してもらいましたよ。まあプロデューサーまで兼ねたような仕事になってしまって、撮影中も自分で預金通帳を持ち歩いていたんだから、これまでにない経験だったなあ。その代わりに、他からは一切口出しもなく自由に撮れたし、自分で映画タイトルをつけたのも初めてのことだったし……」

中島監督が楽しそうにふりかえるこの映画、渡瀬恒彦演じるチンピラがやくざ組織間の抗争の火種をつくる「鉄砲玉」になろうとする姿を追った物語だった。

「高度成長で世の中のあらゆるものが肥大化する中で、疎外され生き甲斐を失ったこの若者にとって、自らの欲望を肥大化させる唯一の手段が100万円で鉄砲玉になることだったんだ。結局は組織にも見捨てられ死んでゆくというみじめな青春を描きたくてね」

タイトルの『美学』は明らかなアイロニーであり、

この映画、「アンチ美学派」と言われる中島監督の面目躍如といったところか。また初の本格的主演を果たし演技に開花した感のある渡瀬恒彦を起用した作品を、中島監督はその後も数本撮っている。

「その頃の渡瀬恒彦が秘めていた『純粋性』に着目して、自滅せざるを得ない青春を演じてもらったんだ。しかも彼は、どんなアクションシーンでもスタントなしに自分で演じる根性と身体能力をもった稀有な俳優だったしね」

そんな渡瀬恒彦の個性を十二分に活かした1976（昭和51）年の映画『狂った野獣』について、中島監督は懐かし気に語った。

「二本立興行のための番組に穴が空きそうになって、会社から『渡瀬主演・予算5000万円を条件に何か作れないか』という話があったので、封切までの期間も限られていたけど、「じゃあ、僕がやる！」と名乗り出たんだ。と言うのは、少し前からあたためていたバスジャックの話があり、すぐに脚本に着手し10日弱で書き上げたんじゃなかったかな。とにかく乗っ取られたバスが京都市内を暴走するという映画で、低予算でのカーアクションをいかに見せるかに工夫しました。中古の大型バス1台を50万円で買い取ったものの、アクションシーンに耐え得るようにする補強費が100万円もかかったし、追跡用のパトカー10台を1台10万円で揃えたりしてね」

こうして撮影に入ったが、京撮に近い太秦警察署管内の道路を可能な限り使い、派手なクラッシュシーンは京都南部の建設中の道路で撮ったり、とくにラストのバス転倒シーンなど苦労は多かったと言う。ただ激しいカーアクションを通して、中島監督が描こうとした犯人と乗客たちの間のドラマが実に興味深い。

「バスに偶然乗り合わせた乗客たちは被害者なんだけれど、実は一人一人がエゴイスティックな欲望をもっている、それがどんどんエスカレートして、最後には被害者が一番の加害者になるという皮肉。そして主人公の暴走・逃亡の行先に果たしてあてがあるのかなど、いろいろねらいたいものがあったからなあ」

中島監督のメッセージを含めて、とても約半世紀前に作られた映画とは思えない『狂った野獣』の新鮮さの源はこのあたりあるように思えた。

「実録もの」に人間ドラマを

1970年代に入って東映任侠映画の人気が徐々に衰え、これに代わって「実録もの」と呼ばれる新たな路線が登場することになる。

「『実録』と言っても必ずしも実話を意味するのではなく、任侠映画のアンチテーゼとして位置づけたもので、僕としては、やくざ社会に生きる人間たちの姿をカッコ悪くても生々しく描きたかったわけです」

この意味では、1971（昭和46）年に菅原文太主演で撮った『懲役太郎 まむしの兄弟』はその嚆矢と言える作品であり、1974（昭和49）年の『脱獄・広島殺人囚』も忘れられない映画であったと中島監督は述懐している。

「NHK大河ドラマ『勝海舟』に主演していた渡哲也が病気で急に降板することになった時、脚本担当の倉本聰から『誰かやれる俳優はいないか』と相談されて松方弘樹を推薦したんだけれど、その代わりに東映で松方のための一本を用意しておくといった経緯から生まれた映画だったんだ」

松方が演じる主人公の強烈なキャラクターと中島監督のねらった軽妙なタッチが功を奏して大ヒットし、続けて『暴動・島根刑務所』（1975年）、『暴力金脈』（1975年）、『実録外伝 大阪電撃作戦』（1976年）、『沖縄やくざ戦争』（1976年）など実録路線作品を撮ることとなった。しかしまもなく東映実録路線も行き詰まる。ネタ切れとなり同じ素材の焼き直しをせざるを得なくなった結果、醜悪な部分を必要以上にえぐり出したり、アクションの激しさがエスカレートする傾向が見られるようになった。

「この時期、日本が豊かになり事なかれ主義が横行して、残念ながら『やくざ映画』あたりにしか非日常性が見つけられないのではないかと、自分なりに納得していたのかなあ。ただどうせやるなら、モデルをあくまでも素材とした骨太な大人のドラマを作りたいとも思っていましたよ」

黒谷でロケした「日本の首領」の銃撃シーン

ちょうどその時に日本の『ゴッドファーザー』のような映画をという企画で生まれた作品が、1977（昭和52）年の『やくざ戦争 日本の首領』である。

「素材はこれまで何度も使ったものだったから、視点をまったく変えようと完全なフィクションとして描くことにしたんだよ。西日本のやくざ組織を牛耳る大親分が東日本へ勢力を拡げようと画策する一方で、二人の娘をもつ一人の父親として悩んでいる姿というのは人間ドラマになるからね。だからこの映画ではアクションは極力ひかえて、登場人物を演じる俳優たちの芝居を重視することになったのです」

芝居重視ということで主演の佐分利信はじめ豪華俳優陣が揃い、これまで実録ものには出ていなかった鶴田浩二が2年3ヵ月ぶりにカムバックした。

「鶴田浩二とは『あゝ同期の桜』や『日本暗殺秘録』での確執があり、それ以降10年くらい撮影所で顔を合わせても挨拶もしない関係が続いていたんだけど、俊藤浩滋プロデューサーが声をかけてくれて一晩酒を飲んで和解してね。その後は逆に撮影現場でも僕をバックアップしてくれたなあ」

組長と対立する若頭役の鶴田の名演もあって、この映画は空前の大ヒット作となり、早速、続編『日本の首領 野望篇』（1977年）が作られる。これには西日本の首領に対抗する関東の首領役で三船敏郎が出演することも大きな話題となった。

「三船プロダクション15周年記念映画『犬笛』（1978年）を僕が監督することになり、そのつながりでこれまで東映作品には一度も出たことのなかった三船敏郎に出演依頼をしたら、意外にすんなりと引き受けてくれてね。彼は『世界のミフネ』と呼ばれ豪快な役が得意でしたが、神経の細やかな気遣いの人で『監督、お疲れではないですか？』と言って僕の椅子まで用意してくれるから、逆にこっちが気を遣ってしまうような人だったな」

またこの頃から日本映画の興行形態がメインの作品と添え物作品の二本立から大作一本立に移行しつつあったが、躊躇していた東映が一本立興行に踏み切った最初の作品がこの『日本の首領 野望篇』であった。

つづいて1978（昭和53）年、『日本の首領 完結編』が撮られるが、東西の首領を手玉に取ろうとする黒幕役で片岡千恵蔵に出演してもらうことになった。

「『日本暗殺秘録』以来、付き合いのあった片岡御大は、『こういうものにはあまり出る気はなかったんだが、わしの芝居をきちっと撮ってくれるので、やる気になったんや』と言って出演を快諾してくれたんだ」

中島監督は楽し気にこう語っているが、撮影現場では佐分利信、三船敏郎そして片岡千恵蔵という大物俳優三人のアンサンブルをどうとるかが悩みどころだったことは筆者にも容易に想像できることだ。

「まず俳優としての力関係を知ることが必要だと思っていたんだ。三人が最初に顔を合わせる病室のシーンで、誰が誰にどう挨拶するのか注視していたところ、最初に気遣いの人・三船敏郎が二人に挨拶して、次に佐分利信がベッドで横たわっている片岡御大に近寄って『佐分利でございます』と挨拶すると、片岡御大は『おう』という一言だけでしたからねえ」

こうして完成した『日本の首領』3部作は、オールスター出演による「実録路線の集大成」と評せられると同時に、皮肉にもこの路線の最後の閃光であったと言えるのかも知れない。

13

斬新な趣向による時代劇巨編

中島監督が撮った『日本の首領』3部作は、モデルから離れてフィクションによる人間ドラマをめざすことで、俳優陣の芝居をじっくり見せる大人の映画として高く評価されたが、当然のことながら本来の実録ものとは一線を画することになった。また同時期1977（昭和52）年に、『北陸代理戦争』（深作欣二監督）のロケ現場で渡瀬恒彦が大ケガをして撮影日程が大幅に遅れるという事態が起こっていた。

「親しい先輩の深作監督から頼まれ封切りに間に合わせるために、急遽、B班監督を引き受けることになったんだけど、この映画のモデルになった組長が、その後、実際に殺されるという事件が起きてしまったんですね。結果として、これが契機となって東映実録路線は終焉することになったと言えます」

このように一世を風靡した任侠ものや実録ものが映画路線として衰退していく一方で、東映京都撮影所には時代劇復興への火は燃え続けていたと中島監督は述懐する。

「時代劇全盛期に映画界に入り、助監督時代をたくさんの時代劇づくりのなかで過ごしてきた僕にも、時代劇へのこだわりは間違いなくあったと思うなあ。しかもデビュー作が『くノ一忍法』、さらに『大奥㊙物語』や『木枯し紋次郎』など節目では時代劇を撮ってきた経緯もありましたから」

1966（昭和41）年にマキノ雅弘監督『浪人街』のリメークが頓挫した出来事も含めて、「時代劇をもう一度！」といった動きは水面下に確かにあったが、そんな時代劇へのエネルギーが目に見える形になったのが1975（昭和50）年の東映太秦映画村開設であったと中島監督はふりかえっている。

「もともと撮影所縮小による施設利用策として始まったんだけど、そこには『時代劇の火を消すな！』という撮影所スタッフたちの願いがこもっていました

京田辺での合戦シーン撮影

ね。オープンセットをテーマパークとして一般公開し、そこで得られた収益を時代劇映画の製作費に充てるという流れが構想されたわけです」

当初予想を大きく上回った収益の一部を投入してつくられたのが、１９７８（昭和53）年の『柳生一族の陰謀』（深作欣二監督）だった。このヒットに応えて同年の第2作『赤穂城断絶』では、再び深作監督からの要請で中島監督がB班を指揮することになる。

「深作監督は東京撮影所出身だったことで、京都での時代劇撮影となると思わぬ難しい問題もいろいろあって、結局のところ3分の1くらいは僕が撮ることになったかなあ。そんな事情もあったことから、3作目は僕が当たることになったんですが、松方弘樹主演の『真田もの』でという企画だけはあったものの、脚本づくりには結構長くかかりました」

東映では１９６３（昭和38）年に『真田風雲録』（加藤泰監督）という一風変わった作品もあり、「真田もの」はさまざまな見方ができる素材であったが、中島監督としてはオーソドックスなものにしたくないという思いが強かったようだ。

「とにかく昔のような時代劇にしたくないという気持から、これまで組んだことのなかった脚本家2名を入れてスタートしましたが、どうしても講談調の『真田十勇士』になってしまうので、ベテランの笠原和夫にも急遽加わってもらい、自由な発想で面白いアイデアを4人で出し合うことにしたわけです」

このような経過から1979（昭和54）年につくられた斬新な趣向の時代劇が『真田幸村の謀略』である。関ケ原後、紀州九度山に隠棲した真田昌幸・幸村親子のドラマを軸にしながら、大スケールの合戦シーンや特撮も駆使、とくに奇抜な着想を盛り込んだ展開には驚かされる。例えば、猿飛佐助を隕石とともに飛来した宇宙人として描き、三好清海入道をキリシタン女性に設定し、忍者である草の者を「山窩」として位置付けるなど、従来の時代劇の殻を打ち破るさまざまな試みがみられた。

「クライマックスの大坂夏の陣で、赤備えの十勇士たちが『われこそは幸村なり！』と叫んで次々と家康に襲いかかるというアイデアは最初に考えていたし、ラストでは幸村が徳川家康を討ちとることにしたかったんだ。僕とは長い付き合いの萬屋錦之介が家康役で特別出演してくれたんだけど、『首を落とされるのだけは絶対に嫌だ！』と言うので、じゃあ首を落とさないのならいいだろうと、家康の首がヒューっと空中に斬り飛ばされるシーンで終わらせたんだよ」

中島監督は愉快そうに笑ったが、真田昌幸役で出演した片岡千恵蔵とのエピソードをしみじみと語った言葉が筆者にはさらに印象深い。

「片岡御大もさすがに体力が弱って動きが苦しくなっていて、座っている姿勢から立ち上がり廊下へ出てセリフを続けてもらうと、よろけてしまったのでカット割りで撮ることにしたんだ。その後で僕にだけ聞こえる声で御大に『すまんな』と言われて、こっちがちょっとつらかったなあ。この作品が片岡御大にとっての最後の映画出演になったんだねえ」

『真田幸村の謀略』に続いて東映ではこの翌年に『徳川一族の崩壊』（山下耕作監督）や『影の軍団 服部半蔵』（工藤栄一監督）などを製作した。時代劇復興への流れは枯れることはなく、その後も中島監督の胸のなかで脈々と息づき、これがやがて『多十郎殉愛記』（2019年）へとつながってゆくことになる。

14

京町家の再現で描く母の姿

「これまでに撮ってこられた63本の映画のうちで、監督ご自身がベスト1とされる一本は何ですか」、いつのことであったか、筆者からのこの無謀な質問に中島監督はしばし考え込んだ。

「うーん、正直言って一本と言われるとちょっとつらいかなあ、とくに僕の場合、さまざまなジャンルの作品があって、それぞれに僕なりの深い思い入れもあるし……」

「ではベスト3なら、どうでしょうか」という執拗な筆者の問いに困惑しつつも、女性映画というジャンルの代表作として中島監督は１９８４（昭和59）年の『序の舞』をあげてくれた。

この時期、東映ではすでにふれたとおり、「任侠もの」、「実録もの」などのやくざ映画に代わる企画をさまざまに模索しており、中島監督はその動きに応え時代劇復興をめざす『真田幸村の謀略』以降も、『さらばわが友 実録大物死刑囚たち』（１９８０年）、『制覇』（１９８２年）、『人生劇場』（１９８３年・深作欣二・佐藤純彌との共同監督）など、それぞれに個性をもつ作品を世に送り出していた。そして新たに東映が女性映画として取り上げた一本が『序の舞』である。

「これは言うまでもなく、宮尾登美子原作で実在の女流画家・上村松園をモデルにした物語なんだけど、これまで絵描きの世界を描いた映画はあまりなかったことから、『お前なら美学出身だから美術史的視点があるやろ』みたいな感じで僕がやることになったんじゃないかなあ。そりゃあ大学で日本絵画史もやるにはやったんだけど、松園さんの名前を知っている程度だったのにね」

しかもこの物語では「未婚の母」や「私生児」などデリケートな問題も取り扱っていることから、映画化にあたって事前に関係者の了解を得る必要があったと言う。

「当初には『やってもらいたくない』というクレームがついたんだけど、松園さんの息子で当時の京都画壇の中心的人物であった上村松篁さんに直接会ってこ

四条御幸町を再現したオープンセット

ちらの製作意図などをじっくり説明したら、幸いにしてOKをもらうことが出来ました」

ただ中島監督としては、松園をモデルにした島村津也よりもその母・勢以の生き方に強く魅かれ、勢以の人生に力点をおいた物語として描く意図をもっていた。

「だからまだ幼い勢以が養女として生家を出ていくシーンを映画の冒頭にもってきたんだ。京都のど真ん中の商家で典型的な京おんなとして成長した勢以がもつ女のしたたかさ、凄さ、忍耐強さを描きたくてね」

世間の目を気にしながらつつましく暮らし、子供を立派に育てようと必死になっている普通の母親であったが、ラストでは自分を犠牲にしてでも娘・津也のすべてを許容してゆく勢以。実はそこに中島監督自身の母親の姿が投影されていたことを後に知った。

「昭和19年に僕の父親が戦死し、戦死公報の後に生まれた弟も含めて僕たち5人の子供たちや親戚の面倒を見ながら家業を切り盛りしていた母が、夜中に一人で仏壇の中の仏具類を無言で磨いている姿が目に焼き付いています。おそらくそうすることで自分を抑制し、心身ともに一番大変だった時期を乗り越えていったのだろうな」

そんな女性の生き方にリアリティーをもたせるために、ディテールへのこだわりがこの映画には欠かせない要素だと中島監督は考えていた。

「この作品の場合、京都は単なる背景としての意味をはるかに越えていて、観光客の目で見た京都ではなくそこに根づいた暮らしそのものを描くことで、京おんなの日常的な動きや思いを観客に享受してもらい、抵抗なく映画にのめり込んでもらいたかったんです」

しかしこのディテールへのこだわりは、当然のことながら製作上の困難にあえて挑戦せざるを得ないことになったと中島監督はふりかえっている。

「その一つは京都の町家、とりわけ商家づくりの再現です。主人公たちの暮らす四条御幸町上ルの街並を撮るためにあちこち物色して、北山が遠望できる嵯峨変電所前の空き地にオープンセットを建てました。鰻の寝床と言われる京町家の間取り、井戸の向かいの流しに差し込む天窓からの光、茶の間にある階段、低い天井の狭い2階と虫籠窓などを再現することで、当時の暮らしの雰囲気を出そうとしました」

そのためにいずれも京都生まれで京都育ちの一流スタッフたち（美術・井川徳道、カメラ・森田富士郎、照明・増田悦章）を起用して撮影に臨んだと言う。

「もう一つの悩みは、絵画作品のことでした。著作権問題はもちろんのこと、実際の絵にはライトを当てられず使うことが出来ないので、すべて模写することになったんだ。専門家に依頼して描いてもらったんだけど3000万円くらいかけたんじゃないかなあ。上村松園が『一筋の髪の毛を如何に描くか』にこだわった女流画家であったことを考えると、こういったディテールの追及がやっぱり重要だったと今も思っていますよ」

この映画は『アパッショナータ』という題名で海外の映画祭へ出品され、タシケント国際映画祭で「映画芸術的にみて最も優れた作品に贈る賞」を、インド映画祭で「シルバー・ピーコック賞（監督賞）」を受賞した。今日のジェンダー問題の先駆性への高い評価と見ることもできよう。

「こういった映画はやはり京都でしかつくれないし、この種のきめ細かな作品をもっと撮りたかったなあ」

そう結んだ中島監督の言葉が筆者にはいたく心に残った。

15

若き日の企画を20年ぶりに実現

『序の舞』とともに、中島監督の映画人生を語る上で忘れてはならない作品の一本が、1985（昭和60）年の『瀬降り物語』だ。

「『序の舞』の撮影に入る前に、助監督時代からやりたいと思っていた蘇我馬子の話をシナリオと企画書にして出したら岡田茂社長にあっさり却下されてね。『そんなもんやるくらいなら、あの山窩の映画化をもういっぺん考えてみろ』と言われてね」

それは中島監督が第1回監督作品『くノ一忍法』をヒットさせた後、撮影に入る直前に会社の製作中止命令で頓挫した企画の20年ぶりの実現であった。

「正直言えば、かつての僕の中にあった情熱自体もいったん冷めていいんだけど、もう一度やる気を出してまずあの時シナリオを一緒に書いた倉本聰に声をかけたんだ。でも彼も忙しく仕事をしていた頃であり『お前一人で納得できるようにやった方がいいよ』と言われてしまって、結局、脚本から書き直すことにしたわけです」

もともと中島監督が山窩を映画化しようと思った背景には、戦後の急激な高度経済成長の中で自然と人間の関わりがどのように変わろうとしているかという問題意識があり、それを文明社会から離れて独自の掟をもって誇らしく生きる山の民の姿をとおして描こうとしたのだ。

「しかしこの20年で社会環境が大きく変化していたし、何よりも僕の描きたいテーマ自体が微妙に変わっていっていたのかも知れないね。もう一つ、物語展開のなかで微妙に山窩に対する差別問題がからんでしまったため、シナリオを部分的に改稿せざるを得なくなったこともあり、『自然を撮る』ということにエネルギーの大半を注ぐことになったとも言えるかな」

こうふりかえる中島監督だが、「自然と人間を描く映像詩」をつくろうとした20年前の熱い思いが形を変えて息を吹き返したことは間違いないだろう。

四万十川源流での合宿ロケーション

物語は1938（昭和13）年の国家総動員法施行の前後、徴兵制のために戸籍を義務づける国家権力、それを拒否しようとする山窩の人たち、また村落住民たちとのかかわりを中心に展開するが、やはり何といっても「自然が舞台、自然が主役」。製作・撮影手法もこれまでにないものとなった。

「春夏秋冬の自然を撮るためには、1年をかけてオールロケで1本の映画をつくることになる。こういう手法は記録映画を別として当時の劇映画としては画期的なものだったんじゃないかな。まず四万十川源流の滑床川沿いの渓谷に撮影拠点として2階建て80坪のプレハブをつくって、そこで最大時スタッフ・キャスト30人が共同生活しての撮影となったんだ」

1983年秋から翌年暮までの撮影期間のうち中島監督は延べ180日滞在することになったと言うから、撮影苦労話には事欠かない。

「わずかな照明設備しか持ち込めずにほとんど自然光で撮るため、影が変化しない東西に流れる川筋で主に撮影するのですが、山の天気は激しく移り変わるし、朝6時に松山・土佐清水・宮崎の予報係にその日の天候事情を聞いて、撮影スケジュールを組むのが日課だった。とくに雨が降ると急激に水かさが増して渓流風景が一変するしね。川の浅瀬を俳優たちが走りやすくするために、川底に滑り止めの砂袋を埋めたり岩石を磨いたこともあったかなあ。そうそう、ある時は百匹余りの野生の猿に宿舎を襲撃されて、食糧を全部もっていかれてしまうということもありましたね。それでも今から思えば、渓流の音を聞きながらの山の中での映画づくりは撮影所での仕事では得られない手ごたえを感じたのは確かですね」

こんな撮影事情であったからスタッフ・キャストの選定も難しかったようだが、独立プロ系のキャメラマンや自薦キャストも含めて個性的な人材が参加してくれたと言う。

「小難しいタイプよりも乗ってきてくれる人がいい。とくに合宿での食事は彼らと交代で作ったりしたしね。そんな合宿生活を一緒した萩原健一、殿山泰司、室田日出男、野口貴史、木下通博たちも今は故人になってしまったなあ」

寂しげな表情の中島監督だったが、最後に『瀬降り物語』製作についての興味深いエピソードを語ってくれた。

「東映入社同期の田村守は『くノ一忍法』の製作主任で、次の山窩の映画化でも製作主任を務めるはずだったんだ。その企画が中止となったことも原因の一つで、彼はその直後に東映を退社、郷里松山で建築会社に移っていたんだけど、『瀬降り物語』の企画の話をしたところ、『撮影は是非とも四国でやれ』と言ってまず僕を車に乗せて四国中をロケハンに回ってくれてね。その後も仕事の利も活かしてプレハブ建設から役所関係などとの折衝、さらには片道3時間かかる松山・滑床の間を人や物資を運んだり、あらゆる援助をしてくれたんだよ」

中島監督は著書『映像のスリット』の中で「『瀬降り物語』断章」として次のように書き記している。

「20年間、この企画に対し抱き続けた私の執念、その執念は映画界を去った彼の中にも、歳月を超えて燃え続けていてくれたのだ」

ここにも映画づくりをめぐる心魅かれる人間ドラマを見出すことができた。

16

大学教授との二足わらじで

『瀬降り物語』を撮り終えた後、次回作の企画検討や『吉原炎上』（1987年・五社英雄監督）の脚本を書いていた中島監督のもとに、かねてより交流のあった映画評論家・滝沢一から「大阪芸術大学映像学科で教鞭をとらないか」という話がもたらされた。

「当時、滝沢氏のほかに、脚本家・依田義賢氏やキャメラマン・宮川一夫氏も大阪芸大の教壇に立っていたんだけど、後で知ったことによると彼らが揃って定年に達していたことからその後任に推されたわけだね。ただ僕としてはまだ現場を離れる年齢ではないからとはじめは断っていたところ、滝沢氏からだけでなく宮川氏や依田氏までが薦めてくれてね、まあ週1日くらいならやってもいいかなと思って引き受けることにしたんですよ」

こうして1987（昭和62）年、中島監督は大阪芸術大学教授に就任したが、滝沢らの辞職後、映像学科は中島監督の双肩にかかることになった。当初、週1回だけの出講で、なおかつ撮影現場がある時は休講することも許容されていたはずが、いつの間にか大学内のさまざまな委員まで務めることになる。さらには映画製作系の大学院を開設するにあたりその準備委員会を統括し、開設後は大学院で研究科学生との1対1の指導まですることとなったと言う。

「抜き差しならないところへ追い込まれたんだけど、映画を志す学生たちの姿を間近にしてだんだん面白くなってきたのも事実でね。実は東大卒業後の選択肢として研究室に残ることも考えていたくらいだから、じっくり研究や教育に向き合いたい気持が僕の中にもずうっとあったのかも知れないな」

結果的には2008（平成20）年に退任するまでの21年間、中島監督の「二足わらじ」の暮らしが続くことになるが、その間、大阪大学文学部で行われた映画製作理論やシナリオ技法についての2度にわたる集中講義も含めて、映画づくりをめざす後進の育成に大きく寄与している。

姫路城天守閣を遠景に二の丸跡でのセット撮影

一方で中島監督が映画づくりの現場仕事をこなしていたのは言うまでもなく、１９９０（平成２）年には時代劇大作『女帝 春日局』を撮っている。

「これはいわゆる母ものと言われる話だが、主人公を演じる十朱幸代と家康を演じる若山富三郎のアンサンブルで大奥の権力闘争を描いているんだ。とくに新たに発見された資料に沿って江戸城大奥の襖絵に源氏物語絵巻を再現したり、ロウソクをたくさん立てて権力者の居室にふさわしい明るさにしたりというこれまでにない趣向を盛り込んだこと、姫路城の二の丸跡にセットを組んで江戸城に見立てたロケをやったことも印象に残っているなあ」

これに続いて、『激動の１７５０日』（１９９０年）、『新・極道の妻たち』、『極道戦争 武闘派』（１９９１年）、『首領を殺った男』（１９９４年）、『極道の妻たち 危険な賭け』（１９９６年）、『極道の妻たち 決着（けじめ）』（１９９８年）という６本の「やくざ映画」も撮ることとなった。

「かつての『やくざ映画』の面白さである飢餓感や上昇志向というエネルギーがすでになくなっていたから、これまでと違った視点が求められていました。『日本の首領』シリーズで実録ものに人間ドラマを加えたように、一つは女性の目をとおしてやくざ社会での親子や家族を描くという手法です。実は１９８４（昭和59）年の『制覇』でも、やくざの妻たちの姿に焦点をあてたかったんだけど、会社方針で結果的に男中心の映画になってしまってね。これが『極道の妻たち』シリーズにつながったわけです」

しかし奇しくも『極道の妻たち　決着』と名付けた作品が、東映京都撮影所にとって最後のプログラムピクチャーとなり、撮影所システムの終焉となったことを思うと何とも皮肉なめぐり合わせと言わざるを得ない。

京都市が打ち出した「京都芸術文化首都構想」の具体化に向けた委員会へ中島監督がひっぱり出されることになったのもこの前後のことである。

「各分野の重鎮たちが集まった会議において、是非とも音楽祭と映画祭が開催できないかという要請が出されたんだ。実は映画隆盛期の１９５０年代から行われていた『京都市民映画祭』が諸般の事情から70年代末に中断していたので、その再開と結びつけたらどうかという着想で１９９７（平成９）年に立ち上げたのが『京都映画祭』でした。京都の映画史を再認識してもらえる機会となったものの、柄にもなくその総合プロデューサーまで引き受けることになってしまってね」

以降、隔年に行われてきた『京都映画祭』は２０１２（平成24）年の第８回で幕を閉じ、現在これを継承する形で『京都国際映画祭』が開催されていることは周知のとおりだ。さらにこの時期の中島監督の足跡として忘れてはならないのは、ＫＢＳテレビ「邦画指定席」のナビゲーター役だ。

「もともとは『京都映画祭』を外部にアピールする手立てとして、京都で作られた映画だけを紹介する半年間の放映企画だったんだ。ところが視聴率が高かったために思わぬ長寿番組になり、終了する頃にはもう放映できる映画がなくなってしまったよ」

中島監督がこう述懐する人気番組は、１９９９（平成11）年にスタートし、２０１４（平成24）年の終了まで15年間続いた。

この間のさまざまな活動をとおして中島監督が見つめてきたのは、京都でしか作れない時代劇映画への執念ではなかっただろうか。

17

時代劇再生をめざして

いま映画人生60年をふりかえる中島監督にとって、時代劇映画とはいったい何だったのだろうか。あらためて聞いてみることにした。

「映画界に入るまでは正直言って時代劇への関心がほとんどありませんでした。僕らの世代にとって映画は新しいメディアとして終戦直後の社会を知るための貴重な情報源だったし、戦後まもなく入ってきた外国映画とくにソ連や東欧の映画の影響も大きくて、何よりも現代をどうとらえるかに目が向いていたように思いますね」

第二次大戦の評価を含めて、現代社会そのもののあり方が問われていた情勢の下で、高校・大学時代に中島監督が多様な価値観をもつ映画を幅広く見ていたことが後年の映画づくりに活かされたのは間違いないだろう。

「とは言え、映画人生の出発点が時代劇のメッカ・東映京都撮影所であったからには、その中で自分なりに何ができるかを考えるしかなくて、助監督時代の5年間を時代劇とともにすごしたわけです。ただ全盛期の東映時代劇は無敵のヒーローがラストで悪人をやっつける典型的な勧善懲悪ものだったので、そのパターンに何とか風穴を開けたいと考え続けていました」

そんな思いが助監督時代の『関の彌太ッペ』や『忍者狩り』、さらには監督デビュー作『くノ一化粧』、それに続く『くノ一忍法』、『旗本やくざ』、『大奥㊙物語』など従来の京撮路線とは異質な作品として見事に結実し、その後も『木枯し紋次郎』、『真田幸村の謀略』、『女帝 春日局』など新機軸の時代劇を作り出すことになったことはすでにふれたとおりだ。

「京撮へ放り込まれたことで時代劇でしか描けないものがあることを学べたという意味では、結果的にありがたいことだったとも言えるかな。それを僕に教えてくれたのが田坂具隆や今井正という現代劇の監督

奥嵯峨竹林での「多十郎殉愛記」の大立ち回り

だったことも面白いめぐり合わせだね」

こうふりかえる中島監督が製作現場の外で近年取り組んできた映画祭などのイベントも、京都での映画づくりとりわけ時代劇再生への土台構築につながることになった。その一つが京都映画１００年の記念事業である。これはわが国最初の劇映画『本能寺合戦』製作からちょうど１００年目にあたる２００８（平成20）年、この映画が撮影された真如堂本堂前に「京都・映画誕生の碑」を建立することを通して、牧野省三に始まる京都映画史を回顧しようという趣旨であった。さらに２０１５（平成27）年、中島監督はドキュメンタリー映画『時代劇は死なず ちゃんばら美学考』を発表する。

「そもそも時代劇映画とは何かということを、京都で生まれ発展した映画史の変遷の中であらためて見つめ直したかったんだ。評論家、俳優、殺陣師へのインタビューも含め、いろんな角度から時代劇を分析してみて、かつては日本独自の死生観を表現するものとして『ちゃんばら』が位置づけられていたことを再確認したね。つまり本来『ちゃんばら』とは斬る者と斬られる者の情念が刃先にまで伝わり、お互いの顔が見える距離間での一種のコミュニケーションすら感じられるものではなかったかと。それが戦後はどんどん様式化されてしまって……」

助監督時代の中島監督が時代劇の巨匠・伊藤大輔監督から聞いた「最近の東映のちゃんばら、なんだあれは！　いらん奴ばかり斬って」という言葉を今も忘れないのもここに理由がある。

２０１９（令和１）年の『多十郎殉愛記』は、日本的パフォーマンス芸術としての「ちゃんばら」に力点がおかれた時代劇であり、中島監督にとっては20年ぶりの劇映画ということになる。そして巻頭の「伊藤大輔監督の霊に捧げる」という献辞が示すとおり、これは１９２６（大正15）年製作の伊藤監督のサイレント映画『長恨』に触発されたものと言えよう。

「残念ながら『長恨』はラスト15分しかフィルムが現存していないんだけど、大河内傳次郎がのたうちまわるようなすさまじい殺陣を見せており、なぜ刀を振るわなければならなかったのかが見る者に伝わるんだな。『多十郎殉愛記』でも、武士の身分を捨て市井に生きようとしていた多十郎がなぜ刀を抜くに至ったのかのドラマを描きたかったし、そのことでラストの大立ち回りが深い意味をもってくるんだよね」

『多十郎殉愛記』では高良健吾演じる主人公・清川多十郎が、腹違いの弟・数馬と多十郎を慕う女・おとよを追手から逃がすために、見廻組や捕り方の目を自分一人に向けさせようとする。ここに多十郎が立ち向かってくる相手を斬ろうとするただ一つの目的があり、「ちゃんばら」の必然性が描かれている。

「だからラスト30分間にわたって殺陣シーンがつづくんだけど、多十郎は数人しか斬っていないんだ。多十郎はひたすら数馬とおとよのための時間稼ぎをしていたわけだね。このあたりをじっくり見て欲しかったし、とくに若い観客に時代劇の面白さを知ってもらいたいと思ったんだよ」

時代劇映画を作るには、京都のもつ歴史的景観や伝統工芸の力だけではなく、特殊な知識と技術が必要なことは言うまでもない。『多十郎殉愛記』を通して中島監督は、一朝一夕には身につかない時代劇づくりのノウハウを後進に示そうとしたのかも知れない。

「助監督時代の僕は小道具や衣装を準備するだけでも一苦労し、しょっちゅう怒鳴られながら時代劇づくりを学べたんだけど、現在では学ぶ機会がほとんどなくなっている。さらにはネット社会の下で映画文化自体がまさに正念場にある今こそ、若い映画人のために時代劇を作れる環境をきちんと残しておかなければと考えています」

中島監督のこの言葉に、京都を足場にした映画づくりに青春いや人生を賭けてきた映画作家ならばこその熱い気概を感じた筆者、最後に「監督ご自身の今後の抱負は?」と問いかけた。

「令和時代に入った今では明治・大正だけでなく昭和も時代劇に含まれるかも知れないから、いつの時代にもあり得る鬱屈した若者たちの情念のほとばしりを描く映画を是非とももう一本撮りたいね」

こう語る中島貞夫監督の瞳は青年のように光り輝いていた。

東映映画の冒頭に流れる荒磯と波(犬吠埼)

第2章

京都で出会った俳優たち

1

時代変遷をたどりながら

中島貞夫監督から身近かにお話を聞かせてもらえる機会を得た幸運な筆者であるが、そのお話は一映画ファンとして大変興味溢れるもので、とりわけ映画づくりの中で交流のあった映画俳優たちの素顔や撮影裏話には数々の胸うたれる人間ドラマがあり、独り占めにしておくのはもったいないと常々思っていた。そこで中島監督にお願いしてあらためて語ってもらうことにした。

「これまで60余年の映画人生をふりかえってみると、たくさんの俳優たちとのつき合いがあったが、彼らの多くがここ数年で次々と他界してしまって、そのたびに残された者としてコメントを求められ実に寂しいことです」

しみじみとした口調で中島監督はこう語り始めた。

「俳優たちの顔を一人一人思い浮かべると、それぞれに個性をもった存在だったことは間違いないんだけど、やはり映画作品と同様にその時々の社会状況に求められて登場し活躍の場を得たわけだから、俳優たちのことを語るには映画をとりまく時代の移り変わりをおさえておく必要があると思うなあ」

さすがは映画監督業の傍ら20数年にわたって大学教授として映像学を講じてきた中島監督にふさわしい視点から、日本映画史の流れを俯瞰しつつ創成期の俳優たちの名を次々とあげていった。

「日本最初の映画スターとなった『目玉の松ちゃん』こと尾上松之助は、もともと歌舞伎役者だったんだが映画的な動きが出来る身体能力を牧野省三に見い出されて、その生涯で１０００本以上の映画に出演し人気を博しました」

「日本映画の父」と呼ばれる牧野省三は、歌舞伎調の様式化した立ち回りに代わる新しい動きを求めて新国劇の舞台にリアルな殺陣を取り入れていた沢田正二郎と提携して、時代劇の刷新に挑むことになる。

「当然のことながら俳優に求められるものも徐々に変化してゆく中で、まず頭角をあらわしたのは阪東妻三郎、これに続いたのが片岡千恵蔵、市川右太衛門、嵐寛寿郎、月形龍之介たちで、彼らは牧野の下で育ちやがてそれぞれの独立プロをつくって活動の場を拡げていったんだ。一方でリアルな殺陣を追求する伊藤大輔監督が大河内傳次郎を使って『幕末剣史 長恨』などの名作を生み出し、封建制や武士道の矛盾への反逆という思潮が大衆の喝采を浴びたわけだね」

阪東妻三郎

これが日本のハリウッド・京都太秦を中心舞台にした時代劇第1期黄金時代となったが、その底流には大正から昭和への時代変化を反映した新しい映画文化への待望、さらには関東大震災で映画人たちが東京から京都へ移ってきたという偶然性もあったのではないか

大河内博次郎（丹下左膳）

と中島監督は言う。

「やがて戦争・敗戦直後の混乱で衰退していた映画が再びよみがえり隆盛期に向かう契機となったのは、GHQのチャンバラ禁止令解除によって復活した時代劇であり、その推進力を担ったのが戦後創立された東映です。僕が大学卒業と同時に東映に入社し京都撮影所へ赴任したのは、そんな時代劇第2期黄金時代でした」

中島監督が東映に入社した1959年、小学4年生の筆者はたくさんの時代劇を見ていた頃だったので、まず東映時代劇黄金期に活躍したなつかしい俳優たちの姿を追いながら、中島監督の話を聞くことから始めたい。

「京都・映画誕生の碑」が立つ真如堂

2

戦後も活躍した映画創成期のスターたち

時代劇第1期黄金時代の俳優たちのうち、早逝した阪東妻三郎、大映で活躍した長谷川一夫をのぞく時代劇スターたちを一堂に擁した東映が、戦後の時代劇第2期黄金時代の担い手となったことは言うまでもない。そして中島監督が京都撮影所へ赴任した1959年は、まさに東映の観客動員数がピークに達した年であった。

「戦前の独立プロでの実績をもとに重役として迎えられた片岡千恵蔵、市川右太衛門の両御大を筆頭に、大友柳太朗、東千代之介、中村錦之助（のちの萬屋錦之介）、大川橋蔵、美空ひばりを中心にしたプログラムピクチャーが数多くつくられていたスター主義の時代は、僕ら駆け出し助監督にとってみんな雲の上の存在だったなあ。撮影所内の俳優会館2階にはスターたちの個室が並んでいたんだけど、そこへ近づくのが何か恐れ多いような雰囲気まで漂っていたからねえ」

中島監督がこうふりかえる時期にも東映で活躍していた大河内傳次郎、嵐寛寿郎、月形龍之介たち戦前からのスター三人に焦点をしぼってまず聞いてみることにした。

「東映時代の大河内傳次郎は脇役としてたくさんの映画に出演していたが、撮影が終わるとさっさと帰ってしまうから、スタッフたちの間では『付き合いの悪い人やなあ！』と思われていて、おそらく一緒に飲みに行った人など全くいなかったんじゃないかなあ。ギャラのすべてを大河内山荘の造営費用につぎ込んでいたことが後になってわかって、なるほどと納得がいったんだけど」

そんな大河内と中島監督は助監督時代に数本の仕事を一緒にしており、筆者が映画で見慣れた人情味ある家老や老境の剣術家を演じていたのもこの時代の大河内傳次郎であったのだろう。

「大河内傳次郎はひどい近視でね、普段は度の強い眼鏡をかけていたんだけど、立ち回りシーンでは相手があまり見えずに刀を振り回すものだから、迫力はあるもののからみの俳優たちはケガをさせられるのを相当怖がっていたよ」

大河内山荘の持仏堂で座禅をしていたとも言われ、どこか禅僧のような雰囲気をもった晩年の大河内傅次郎。その好対照の如き存在が老いてなお艶福家として

嵐寛寿郎（鞍馬天狗）

知られた嵐寛寿郎ではなかったかと中島監督は語る。

「鞍馬天狗で名をあげた『アラカン』こと嵐寛寿郎は、東映へ移ってからも根っからの主役スターの姿勢が抜け切らなかった人だったなあ。１９６６年に僕が監督した『任侠柔一代』に出演してもらった時のこと、長セリフのシーンがあってあまり長回しするとしんどそうなので数カットに割って撮影すると、そのカットごとの最後に大見得を切ってしまう癖があってね。随分困らされた思い出がありますよ。そうそう、当時としてはまだ珍しい飛行機免許を持っているという面白い人だったな」

嵐寛寿郎は晩年まで東映の脇役を務め、中島監督の作品では『任侠柔一代』以外にも、『まむしの兄弟 懲役十三回』や『日本の首領 野望篇』に出演しており、とくに昔気質のやくざの親分役などで味わい深い演技を見せてくれたと言う。

筆者にとって先述の二人以上に数多くの映画で馴染み深かった月形龍之介は、水戸黄門や大久保彦左衛門のような主役もやれば渋味のある脇役、さらには

憎々しい悪役まで幅広く演じる俳優だった。中島監督が助監督を務めた『親鸞』（田坂具隆監督）や『関の彌太ッペ』(山下耕作監督)でも強い印象を残している。

「月形龍之介は、終戦直後に京都で新劇活動をしていたこともあって、どこかにインテリ風の威厳があり黒幕的なワルが似合っていたんだけど、剣道3段の腕をもっていたから殺陣にも迫力があり、斬られ方にまで独特の力が感じられたのかな」

これら映画創成期から活動を続けた名優たちに支えられ、戦後時代劇が発展していったことも忘れてはならないだろうと中島監督は結んだ。

大河内傳次郎が私財を投じて造営した大河内山荘

3

縁の深かった御大——片岡千恵蔵（その1）

もう随分以前のことになるが、「これまでおつき合いのあったたくさんの俳優さんの中で、最も心に残っているのは誰でしょうか?」と筆者がたずねた時のことだ。あれだけ多くの俳優たちと向き合ってきた中島監督にとっては、おそらく困らせる質問になるだろうと思っていたところ、「やっぱり片岡御大かなあ」とすぐさま回答があったことに少し驚いた記憶がある。

片岡御大、言うまでもなく、市川右太衛門とともに東映時代劇黄金期を支えた代表的スターであり、嵯峨野に住んでいたことから「山の御大」と呼ばれた片岡千恵蔵その人のことだ。

「僕にとってはいろんな意味で俳優の理想像と言えるかも知れないね」

中島監督をしてこう語らしめる片岡千恵蔵とはいかなる人だったのだろう。東映時代劇を見て育った筆者にとっては、大石内蔵助・清水次郎長・近藤勇・国定忠治・机竜之助たち時代劇のヒーローと言えば、まず千恵蔵の顔が浮かぶ。そして肩衣を脱いで刺青を披瀝し、「やい、てめえら、この桜吹雪が目に入らねえか!」と言うあの独特のセリフ回しが聞こえてくる。その後、テレビで多士済々の俳優たちによって演じられた遠山の金さんの原形もやはりこの人であった。

「正直言えば、僕はこういうパターン化した片岡御大の演技はあんまり好きじゃなかったんだけど……」

こう前置きしてから中島監督は俳優としての千恵蔵の魅力を聞かせてくれた。

「若い頃から第一線の時代劇スターだったんだが、白塗りの二枚目にとどまらず汚れ役も出来る俳優で、戦前には伊丹万作監督の『国士無双』、『赤西蠣太』、戦後には内田吐夢監督の『血槍富士』、『大菩薩峠』、『花の吉原百人斬り』などの名作があるし、後に集団時代劇の嚆矢と言われる『十三人の刺客』に主演したことも忘れてはいけないね。ふんどしまで見せた立ち回りが象徴しているように、片岡御大はリアルな演技を求めていたんだと思う。舞踊のような華麗な立ち回りで決してふんどしを撮らせなかった右太衛門御大とは好対照と言えるかな」

そんな片岡千恵蔵とのつき合いが始まったのは、中島監督が『くノ一忍法』で監督デビューを果たしてから5年後、1969年『日本暗殺秘録』の時のことだった。

片岡千恵蔵（近藤勇）

「当初ドキュメントとして準備していた企画が会社方針で急遽オールスターによる暗殺史をオムニバスで撮ることになり、それに相応しいキャスティングが必要になったんだ。そこで助監督時代も含めてこれまで仕事上のご縁が一度もなかった片岡御大に出演してもらうべく、半ば引退状態で暮らしておられた愛知県小牧市の自宅まで会いに行ったんだけど、ダメモトという気持もあったかな」
当時65歳の重鎮・片岡千恵蔵と35歳の気鋭・中島監督の初対面であったが、カリスマ性をもつ血盟団の指導者・井上日召役をどうしても引き受けて欲しいという中島監督の熱い思いが通じて千恵蔵は出演を快諾した。ただし僧侶姿の日召のような坊主頭にするのが嫌だから鬘を使うという条件だけがつけられたと言う。
「ところがその後、撮影所での鬘合わせの折に、僕が『御大！　これがモデルです』と言って井上日召の実物写真を見せると、片岡御大はそれをじっとしばらく見ていた後で、『やっぱり、こりゃあ切らなあかんなあ』と言って髪を刈ってきてくれたんだ。これには感激してしまって、ああ、この人は他のスター俳優とはちょっと違うなと思った最初の出来事として今も忘れられないし、自ら坊主頭になって人物像に接近してくれる片岡御大の出演でこの映画全体に重みが加わったことを実感したね」

遠い日に駆け戻るかのように語る中島監督であったが、学生時代にこの『日本暗殺秘録』を見た筆者にとっても久々にスクリーンに映じた片岡千恵蔵の姿は深く印象に残っている。

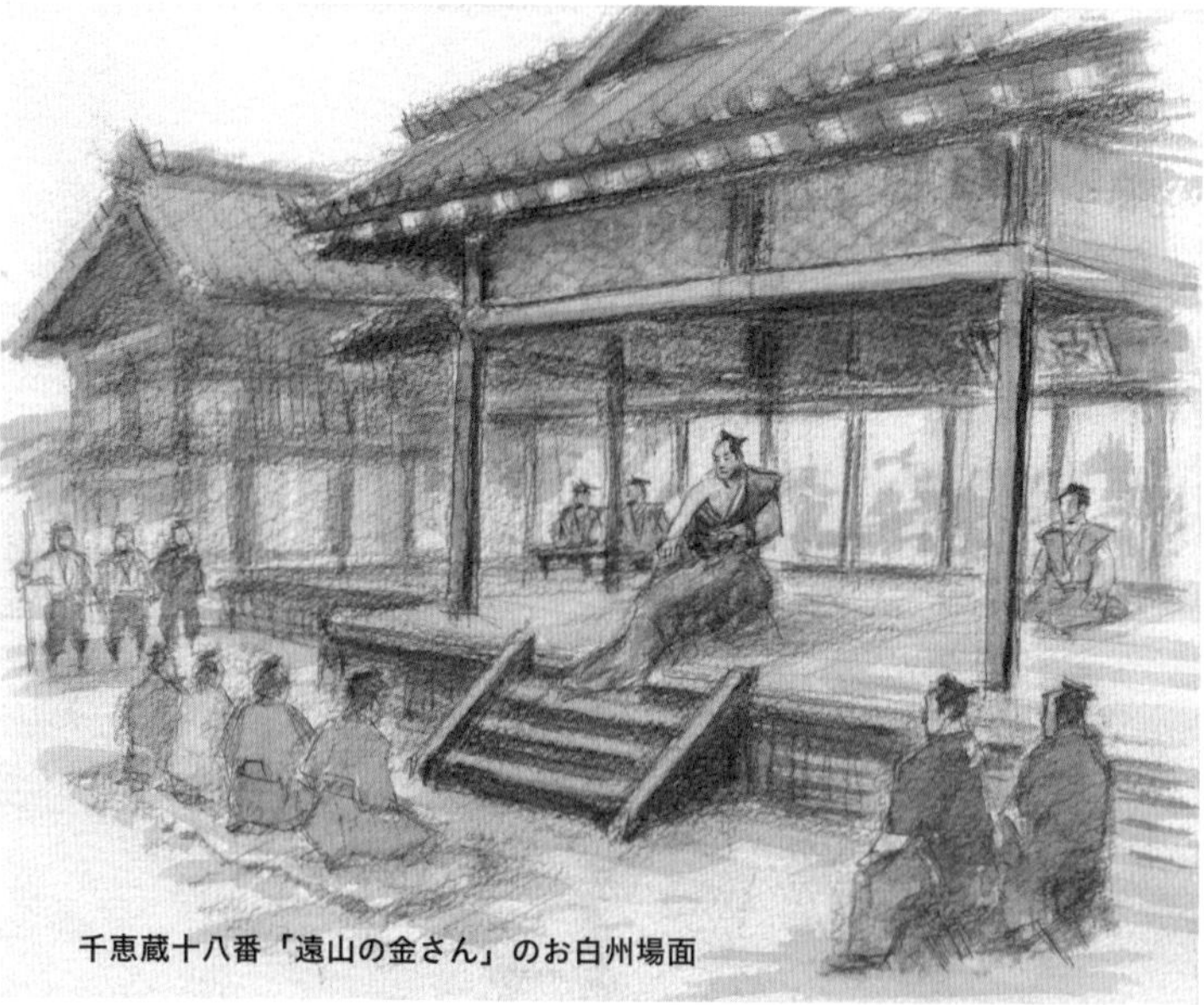

千恵蔵十八番「遠山の金さん」のお白州場面

4

縁の深かった御大——片岡千恵蔵（その2）

『日本暗殺秘録』とこれに続く『戦後秘話 宝石略奪』で再び組んだ片岡千恵蔵と中島監督との縁がさらに深まったのは、1978年『日本の首領 完結編』である。シリーズ第3部にあたるこの作品では、東西の首領を手玉に取ろうとする黒幕役で片岡千恵蔵に出演を請うことになったのだ。

「何しろ佐分利信、三船敏郎が演じる東西二大組織の首領二人に睨みを効かせる黒幕役ということになると、片岡御大以外には考えられなくてね。この時の製作発表の記者会見で『なぜ今さらやくざ映画に出演するのか』という質問に答えて、『わしはこういうものにあまり出る気はなかったんだが、この監督はわしの芝居をきちっと撮ってくれるから、やる気になったんや』と僕を指して言ってくれた御大の言葉は今も耳に残っているよ」

そして大物俳優三人が最初に顔を合わせる病院シーンの撮影現場でも印象深い出来事があったと、中島監督は楽しそうに語った。

「三人がお互いにどう挨拶するのかなと密かに注目していると、まず最初に一番若い三船敏郎が二人に挨拶をして、次に佐分利信がベッドで横たわっている黒幕役の片岡御大に近づいて『佐分利でございます』と挨拶したんだ。するとこれに対して片岡御大は『おう』という一言を返しただけだったけど、それで何となくおさまったのには感心してしまったな」

年齢や俳優歴だけでなく、ある種の人間的威厳みたいなものが千恵蔵には備わっていたのだろうか。

「実はこの映画の撮影中、僕の母親が危篤状態になってね。その連絡が入ってからも出演者たちとの日程調整が難しくて千葉へ帰ることを躊躇っていると、『すぐ帰ったらええ!』と片岡御大が言ってくれてね。その一言のおかげで母の死に目に会えたことも忘れられないな」

さらに千恵蔵の優しい人柄を表わすこんな逸話もあると中島監督は語っている。

「片岡御大がまだ若い頃、東京での仕事から京都への帰路の列車内で、真ん前に座っていた学生が急病で苦しみ出したらしい。片岡御大は親身になって介抱に努めただけではなく、京都へ着いてからもその学生をタクシーで病院まで連れて行ったんだ。後年この学生は三菱銀行の頭取になった人だけど、この時の恩義が忘れられなくて片岡御大の資産管理など経済的支援を続けたという話だよ」

片岡千恵蔵（日本の首領）

そして1979年の『真田幸村の謀略』で幸村の父・真田昌幸役で出演した千恵蔵とのエピソードも、中島監督には大切な思い出だと言う。

「紀州九度山に幽閉された身でありながらも徳川家康との決戦の機会を虎視眈々とうかがう真田親子の対話シーンだった。この頃は片岡御大もさすがに体力が弱っていたようで、座っている姿勢から立ち上がり廊下へ出て『狙うは家康の首一つ!』と言うセリフで、よろけてしまって何度かNGを出したんだ。しかたなくカット割りで撮ることにしたところ、撮影の後で僕にだけ聞こえる声で御大が『すまんな』と言ったんだよ。これにはこちらが少々つらかったけど、監督の演出プランに完全に応えるのが俳優の使命だと考える御大の姿勢には感心させられたね」

この『真田幸村の謀略』が生涯322本の映画に出演した千恵蔵最後の作品になったことを思うと、さらに感慨深いものがある。

１９８３年３月に片岡千恵蔵は80歳で亡くなり、盛大な葬儀が東映京都撮影所で行われた。

「東映が撮影所葬をしたのは片岡御大だけで、僕が葬儀全般を取り仕切ることになってね。片岡御大がさまざまな芝居を見せた思い出の第１ステージいっぱいに祭壇を設けて、畳４枚大くらいの遺影を飾ったことを今もはっきり憶えているよ」

深い縁が感じられる数々のエピソードを通して、その人柄に魅かれていた中島監督が「片岡御大の中に俳優の理想像を見る」と言った意味が、筆者にも何やらわかるような気がした。

片岡千恵蔵が眠る御室蓮華寺

5

もう一人の御大——市川右太衛門

片岡千恵蔵と並ぶ東映時代劇黄金期のスター市川右太衛門。「眉間に冴える三日月形、天下御免の向う傷、直参・早乙女主水之介、人呼んで旗本退屈男!」という名セリフを筆者は何度聞いたことだろう。歌舞伎から映画界へ入り牧野省三に見出されて時代劇俳優となり、戦前の独立プロでの実績をもって戦後東映に重役スターとして迎えられた経歴は片岡千恵蔵と同じでありながら、あらゆる面で好対照の二人であったと中島監督は述懐している。

「当時の東映京都撮影所のスター主義の典型のような人で、北大路に住んでいたので『北の御大』と呼ばれていて、誰も面と向かって名前を口にすることはなかったんだけど、ある時、立ち回りシーンの撮影現場でうっかり『右太衛門組はこっちへ!』と叫んでしまった助監督が東京撮影所へ転勤させられる事件が、僕の入社少し前にあったらしい。この話を聞いた時、『えらいところへ来てしまったなあ』と正直思ったこともあったな。ただしこれとて周囲の人たちがおもんぱかってやったことで、右太衛門御大自身が決してそんなことを命じるわけはなく、僕の知る限り『役者バカ』という言葉があてはまるような無邪気で天真爛漫な良い人でしたよ」

生涯の当たり役となった「旗本退屈男」シリーズでは、一作ごとに数十万円の新しい豪華衣裳を一枚つくらせ、また立ち回りでも舞踊のような華麗さを貫き、片岡千恵蔵のようにふんどしを見せることは決してなかったと言う。

「沢島忠監督の『酔いどれ無双剣』という映画で助監督についていた駆け出し時代のこと、ロケ先の昼食時に僕たちが安物のロケ弁当を食べていると、その横のテントの中で右太衛門御大だけは、白いテーブルクロスを敷いた食卓で付き人に給仕させながら、フォークとナイフを優雅に使って豪華ランチを食べていたのが印象に残っています。常時、弟子や付き人に囲まれていて、撮影の立ち位置確認やカメラテストなどもその人たちがやり、すべての準備が整ったところへ御大本人が登場するといった感じでね。そんな『殿様扱い』が高じたのか演じる役と日常との混同を招くことまであって、罪人として牢屋に入れられるシーンでも座布団を敷かせたりして……」

市川右太衛門（旗本退屈男）

時代劇ブームが去った1960年代後半に引退して東京へ移っていたが、1985年にテレビ特別企画「黄金時代劇のすべて・今甦る御大市川右太衛門」がつくられることになった。

「この企画が時代錯誤的なものになるのを心配した息子の北大路欣也から直接の依頼もあって、僕が監督することになったんだ。久しぶりに撮影所入りした右太衛門御大が、かつてご自身がすごした俳優会館の部屋を眺めながら『この部屋で千恵さんがよく麻雀をしていたなあ』、『橋蔵君の死は早すぎたね』とか懐かし気に話していたかな。確かこの撮影の3日目のことだと思うんだけど、撮影所へ大友柳太朗死去の悲報が入ってきたので僕が御大にそれを知らせたんだ。その時の茫然としてしばし瞑目していた御大の表情が忘れられないね、きっと時の流れを感じていたんだろうなあと思うよ」

この特別番組のラストシーンに市川右太衛門の日常の姿を撮ることになった時のこと。

「皇居堀端へ右太衛門御大がスーツにネクタイ姿で

現れたのには驚いてしまったね。『御大、これは毎朝の散歩シーンですから、普段着スタイルで撮った方が……』と僕が言おうとすると、『いやいや、いつもこの服装で朝の散歩をしているんだよ、何しろ誰に見られているかわからないからね』という言葉が返ってきたんだ。やっぱり何歳になってもスター気質が身についている人なんだなと却って感心させられたね」

１９９９年に92歳で亡くなった市川右太衛門の風貌が偲べる微笑ましいエピソードとして中島監督は語った。

「旗本退屈男」のロケがあった京都御苑長屋門

6

悪役に悪い人はいない
——進藤英太郎

東映時代劇黄金期について語るには、主役スターだけではなく名悪役の存在を忘れるわけにはいかない。「勧善懲悪ものが主であった当時の東映時代劇では、悪役が巧くなければ正義が引き立たない。その意味では素晴らしい悪役俳優が揃っていました」

こう言って中島監督がまずあげた悪役俳優は進藤英太郎である。

「僕の学生時代には『あいつは悪い奴だ』という場合、『東映で言えば進藤英太郎！』という言葉があったほどだから、当時の代表的な悪役俳優だったわけですね。進藤さんはもともと新劇や新派役者として活躍し、戦前から溝口健二監督の『浪華悲歌』や『祇園の姉妹』などのたくさんの名作映画にも出演していて、戦後に東映専属となってからはもっぱら悪役を楽しんでやっているようなところがあったのかな」

確かに筆者が夢中になっていた東映時代劇での進藤英太郎の役の多くは、映画のラストで主役に必ず斬り殺される黒幕的なワルだったが、時々、お人好しの上方町人や人情味ある老人に扮していたことも記憶にある。

「僕が助監督時代についていた沢島忠監督の『むっつり右門捕物帖』シリーズでは、主人公の右門と競い合うあばたの敬四郎役でどこか憎めない滑稽な味わいある演技を見せていたし、昔から言われる『悪役に悪い人はいない』の定説どおりの紳士然とした良い人で、僕なんかは結構かわいがってもらっていたと思うよ」

「そう言えばこんなことがあったなあ」と、進藤英太郎に飲みに連れて行ってもらった時の出来事を、中島監督は懐かしそうに語った。

「その夜はしたたかに酔っ払ってしまって、進藤さんにも随分からんだように思うんだけど、翌朝になって目覚めるとまったく見覚えのない家で寝ていたんだ。そこは進藤さんの大阪の二号さんの部屋だったことがわかってビックリしてしまったよ。そうそう進藤さんには『役者にならんかね、助監督なんかしているより、よっぽどいいよ』と誘われたこともあったなあ、もちろん進藤さんがすすめてくれたくらいだから斬られ役専門の役者にどうだということだったろうけどね」

進藤英太郎の言った「助監督なんか」という言葉には、当時の東映京都撮影所での助監督の地位の低さがあらわれていたのではないかと中島監督は言うが、それだけではなく学生時代のギリシャ悲劇研究会で培われた中島監督の「芝居っ気」を、周囲の人たちは見抜いていたのかも知れない。

「芝居っ気という意味では、助監督時代には照明やキャメラテストの時などを俳優に代わって行うスタンドインもやらされるんだけど、沢島忠監督の『若さま侍捕物帖 黒い椿』で伊豆大島へロケーションに行った時、岡っ引き役の沢村宗之助さんが本番になっても到着せず、しかたなく体形の似ていた僕が急遽扮装をして後ろ姿やロングショットの代役まで演じたこともあったんだよ」

こう言って笑う中島監督だが、やはりギリシャ悲劇研究会の経験はここでも活かされたのかも知れない。

「ギリシャ悲劇研究会と言えば、東映時代劇に悪役として出演していた東野英治郎さんとはギリ研の頃からおつき合いがあったので、撮影所でも僕のことを『ギリ研！ ギリ研！』と呼び親しくしていたんだけど、

進藤英太郎（吉良上野介）

ひょっとしたら僕の本名を知らなかったんじゃないかなあ」と中島監督は笑う。

「東野さんだけでなく千田是也、小沢栄太郎、三島雅夫たち劇団俳優座の重鎮たちも悪役として東映時代劇に出演していたし、こうしてあげてみると進藤英太郎や山形勲、薄田研二たち『大ワル』のほかにも、原健策、吉田義夫、阿部九州男、加賀邦男、沢村宗之助たち『中ワル』を演じる俳優たちの層の厚さが東映時代劇を支えていたことは間違いないね」

中島監督は、筆者にも憶えのある懐かしい俳優名をあげるのを忘れなかった。

これぞ悪の見せ場、殿中松の廊下

7

快傑黒頭巾の光と影
——大友柳太朗

幼い頃の筆者が東映時代劇を見て最初に憧れたヒーローが『快傑黒頭巾』だったこともあり、変幻自在の黒頭巾役を颯爽と演じた大友柳太朗について、中島監督から聞かせてもらえるのを楽しみにしていた。

「大友さんは歌舞伎出身のスターたちとは違って新国劇から映画界へ入り、師匠の辰巳柳太郎の影響を強く受け、そこから抜け切れない感じがしたね。ただ千恵蔵・右太衛門両御大と錦之助・橋蔵との中間世代として重要な役回りで活躍の場があり、日本初のシネマスコープ作品『鳳城の花嫁』にも主演して人気があり、間違いなく東映時代劇黄金期を支えた一人だと言えるかな」

『快傑黒頭巾』だけでなく、『丹下左膳』、『むっつり右門』などの人気シリーズもたくさん作られ、集団時代劇の『十七人の忍者』、『大殺陣』、『十一人の侍』でも重要な役を演じていた。とくに深編笠、着流しがよく似合う大友柳太朗の浪人姿は、筆者の瞼に鮮やかに焼き付いている。

「ただスクリーンでの豪快なイメージとは逆に、僕らの目から見ても大友さんは少し『鈍』なところがある人だったなあ。僕の師匠のマキノ雅弘監督なんかは、自分のつける芝居どおりに動けない大友さんにだんだん腹を立て、『用意スタート!』と声をかけるべきところを『用意ドン!』と言ったものだから、大友さんはますます焦ってしまう。それを見たマキノ師匠は『用意ドンドン!』と追い撃ちをかけたりしてね」

だがここには『仇討崇禅寺馬場』などの名作映画に大友柳太朗を起用したマキノ監督一流の愛情が感じられたと中島監督は言う。

「沢島忠監督の助監督について琵琶湖ロケに行った時に、大根が干してある湖岸風景での撮影を準備していたんだけど、それを見た大友さんがなぜか急に京都へ帰ってしまったことがあってね。後になって聞くと

『いくら何でも大根役者を皮肉られているような気がして』と怒ってしまったという話で、実に悪気なく憎めない人柄だったよ」

それ以外にも、快傑黒頭巾が塀から馬に飛び乗るシーンで飛び降りたところに馬がいなくて尻もちをついたり、丹下左膳の立ち回りシーンで夢中になりすぎて気がつくと隻腕のハズが右腕まで出していたりという、大友柳太朗の「鈍」を物語る有名な逸話がいくつもあったらしい。また新国劇時代の師匠である辰巳柳太郎の前では、終生にわたって決して膝を崩すことがなかったと伝わるほど生真面目な人であったと言う。

大友柳太朗（快傑黒頭巾）

「しかし一方でこの『鈍』は決して悪い意味だけではないんだよね。『鈍』ゆえに小器用な芝居をすることなく、堅実な演技を重ねる努力の中でスターの地位を得た稀有な俳優であったとも言えるんだ」

このように中島監督は述懐する。

「そうそうこんなこともあったなあ。監督仲間の一人・山内鉄也が結婚した時、同じ広島出身であった縁から大友さん夫妻が仲人を務めて、僕が結婚式の司会をさせられたことがあってね。それから半年くらい経った頃のこと、撮影所のトイレで大友さんと偶然に会ったら『いやぁ、先日は大変ご苦労さまだったね』と声をかけられたんだ。すぐに何のことかピンとこなかったんだけど、それが山内鉄也の結婚式のことだと後になってわかってね」

そんな良き時代の映画人がもつ「浮世離れ」したよ

うな魅力を、今日のテレビ界は時代錯誤的な扱い方をすることがある。晩年、テレビドラマで滋味豊かな老人役で人気を得た大友柳太朗であったが、その生真面目な不器用さがバラエティー番組で面白おかしく誇張され、セリフを憶えられなくなったことを苦にしていたとも言われている。

「古くから大友さんを知る僕らとしては、その種の番組にはあまり出ないほうがいいのにと気を揉んでいたんだけど……」

１９８５年、大友柳太朗73歳での自死を中島監督は悔しそうに語った。

琵琶湖ロケのあった湖岸の大根干し

8

美剣士の葛藤——大川橋蔵

テレビ『銭形平次』のイメージが強い大川橋蔵は、かつて東映時代劇黄金期にファンの人気を中村錦之助と二分していたスター俳優だ。筆者の生家からほど遠くない北白川に自宅があったので、小学生の頃、サインをもらいに行ったこともあり、代表作『新吾十番勝負』シリーズなど見ていた映画も多い。中島監督からはこれまであまり聞く機会がなかった大川橋蔵についてたずねてみることにした。

「僕が東映京都撮影所へ赴任してすぐに滋賀県饗庭野のロケに駆り出された加藤泰監督の『紅顔の密使』は橋蔵さん主演の映画だったし、それ以降もマキノ雅弘監督の『恋山彦』や沢島忠監督の『若さま侍捕物帖黒い椿』など一緒の仕事が数本あったんだけど、あらためて考えてみても助監督時代にはこれと言った思い出がないんだよ。飲みに行ったこともなくて個人的に親しくなる機会がなかったからかなあ」

こうふりかえる中島監督に、その理由をもう一歩つっこんで聞いてみたくなった。

「橋蔵さんという人は真面目な人で、それが演技や役づくりの堅さになってしまっていたんじゃないかなあ。撮る側から端的に言わせてもらえれば、やっていて『面白くない』ということなんだ。舞うような殺陣も含めて確かにきれいな絵にはなるんだけど、それ以上のものが感じられないんだな」

中島監督によれば、型にはまった演技をされると、あまり積極的な演出がやりにくくなり、結果的に映画そのものがどうしてもワンパターンになってしまうらしい。やはり現場での監督・俳優間の丁々発止としたキャッチボールがあってこそ、新しいものが生まれるということなのだろう。

「ただ橋蔵さん本人にも葛藤があったようで、1960年代に入って大島渚監督の『天草四郎時貞』、伊藤大輔監督の『この首一万石』、加藤泰監督の『幕末残酷物語』など、従来の美剣士役からの脱皮をめざして異質の役に挑戦しているんだけど、ただ残念ながらこれらの監督たちをもってしても、新境地は切り開けないままで終わったんじゃないかなあ」

60年代後半には東映としても旧来の勧善懲悪時代劇では観客が呼べなくなり、任侠路線への移行が見られるようになる。このような時期に中島監督が大川橋蔵主演で撮ることになったのが、1966年の『旗本やくざ』だ。

「実はこの頃は僕にとっても波乱のあった時期でね。初監督作品『くノ一忍法』がヒットした勢いで次に企画した『山窩』が大川社長の一喝でボツになり少々くさっていたんだよ。そんな時に『橋蔵主演で一本つくれ』という会社方針で撮ることになり、友人の倉本聰と共同で脚本をさっと書き上げたけど、どうせやるなら従来のヒーローものにはしないという意図をもっていてね」

当初『丁半勝負』という題名であったこの映画、対立する旗本とやくざの間に入り込んだ幕府の隠密が、両者を激突させようとして徐々にやくざへの思い入れが深くなり板挟みになってゆく、という面白い話だった。

「しかし橋蔵さんの演技には従来の枠からはみ出さないもどかしさを感じてしまったよ。とくに山本直純が作曲した挿入歌を歌ってもらうことになっていたところ、撮影当日になって『どうしても歌えない』と橋蔵さんが言い出し、しかも当時交際していた女優から

大川橋蔵（新吾十番勝負）

言われたからと理由まで聞かされて正直ガックリきてしまったんだ」

　この『旗本やくざ』を最後に大川橋蔵はテレビ界へ移り『銭形平次』に出演、55歳の若さで亡くなる1984年まで18年間にわたって全888回続くことになる。

「これは橋蔵さんだからできたことだったかも知れないな。シリーズものが苦手な僕も含めて、とても真似ができない大きな功績だと思います」

　こう結んだ中島監督の言葉から、俳優たちそれぞれの個性が映画史の中で活かされていることを学んだ筆者である。

「新吾十番勝負」が撮られた上賀茂神社

9

時代劇・大輪の華 ——中村錦之助（その1）

戦後の日本映画全盛期、とくに東映時代劇の黄金時代を象徴するスターを一人だけあげるとすれば、中村錦之助ということになるのかも知れない。そして中島監督が「錦兄イ」と呼んで終生つき合いがあった人だけに、心動かされるエピソードも多い。なお不惑の年に萬屋錦之介と改名しているが、本稿では筆者たち団塊世代にとって馴染み深い旧名で統一することにしたい。

「錦兄イはもともと歌舞伎の名門の生まれだったけど、二十歳頃に美空ひばりの相手役として映画界にスカウトされ、『笛吹童子』や『紅孔雀』などの子供向け映画で人気が沸騰し、すぐに東映時代劇のトップスターになったんだ」

戦前からの時代劇スターにはない若いエネルギッシュな動きが魅力で、沢島忠監督の『一心太助』シリーズで演じた主人公そのままに、やんちゃな若旦那みたいな感じで男気があり誰にでも頼られる俳優だったようだ。

「僕が助監督として京都撮影所へ来た頃にはもう大スターだったから、いつも周囲には取り巻き連中もたくさんいてね、当初は僕ら駆け出しの助監督なんか容易に近づけない存在だったよ。松田定次監督の『水戸黄門 天下の副将軍』の時に、錦兄イがスタジオになかなか出て来ないので俳優会館へ呼びに行ったんだけど、時間が押していたのでこっちもついつい声を荒げると、彼の取り巻き連中が『生意気な奴だ！』と気色ばんで小突き合いになったことがあってね。それでも僕の師匠のマキノ雅弘監督や沢島忠監督が錦兄イを使うことが多かったので、だんだん仲良くなって俳優の中では一番よく飲んだかなあ」

2才年長の錦之助との親しいつき合いについて、中島監督が楽しそうに語ってくれたのは、まず内田吐夢監督の『浪花の恋の物語』で共演した有馬稲子と錦之助が結婚した前後のことだ。

「有馬さんは宝塚出身でインテリを自称していた人で、『あなた、取り巻きの人たちとばかりじゃなくて、インテリともおつき合いしないとダメよ』と言ったとかで、その一人に僕が選ばれたらしいんだよ。その結果、双ヶ岡の新居へもよく飲みに行くようになってね」

そんな錦之助が大きな変化を見せたのは田坂具隆

中村錦之助（宮本武蔵）

監督の『親鸞』の頃だったのではないかと、中島監督はふりかえっている。

「内田監督との仕事を通して『俳優は監督次第なんだ』ということを錦兄イは感じ始めていたようだけど、田坂監督との出会いが大きく影響したと思うなあ。ある時、２００人ほどのエキストラが待機しているセットへ、前夜に酔っ払ったため遅れて来た錦兄イに、田坂監督が『僕には君一人よりも２００人の方が大切なんだよ』と静かな口調で言ったんだ。これまで直接こんな風に言う人がいなかったので、錦兄イは真っ青になってしまって、翌日からは意地になって一番先にスタジオへ来るようになったんだ」

もともと田坂具隆監督を東映へ迎えたのも錦之助で、会社は興行力のある彼の希望で高名な監督を招聘するようになり、これらの監督たちも確かな手応えある錦之助を使いたがったと中島監督は見ている。『親鸞』に続いて撮った田坂監督『ちいさこべ』、『冷飯とおさんとちゃん』、伊藤大輔監督『反逆児』、今井正監督『武士道残酷物語』などの名作がこの時期に生まれているが、田坂監督や今井監督の作品で助監督を務めた中島監督にとっても、その後の大きな飛躍の契機になったことは言うまでもない。

「ちょうど同じ頃、僕ら若手助監督が東映時代劇に新風を吹き込もうと先輩の山下耕作監督を支えて撮ることにした『関の彌太ッペ』が、ラストで従来お決まりのチャンバラを入れず抒情性あるものに仕上げられたのも錦兄イが企画に乗って出演してくれたからだと思っているよ」

中村錦之助についての中島監督の思い出話はまだまだ尽きないようだ。

「一乗寺の決斗」ロケ地の饗庭野

10

時代劇・大輪の華
——中村錦之助（その2）

助監督時代に深まった中村錦之助との交友について語る時、中島監督の表情はいきいきとしてくる。お互いに無茶はしていても全速力で駆け抜けた青春の日々がよみがえるのだろう。

「僕が結婚した直後のこと、錦兄イに誘われて監督仲間の山内鉄也と3人で飲みに行ってね、家のことが気になりながらもズルズル飲み続けてしまって、無断外泊のままロケに直行したんだ。その日はさすがに帰りにくいなと思っていると、山内鉄ちゃんが『これ、錦兄イから』と言って渡してくれた紙切れには、『昨夜の外泊はすべて自分の責任で……』という文章に錦兄イのサインが入っていたんだよ」

それは中島監督の新妻にあてた詫び状とも証明書ともつかぬ手紙であったが、そんな細かい心配りが出来る優しい人だったと言う。

「こんなつき合いの中で、錦兄イは『お前が一本立ちする時はオレ出てやるよ』と約束してくれていたし、僕も密かに山本周五郎原作の『ちゃん』を錦兄イ主演で映画化出来ればと思っていたんだけど……」

ところが思いがけないいきさつから中島監督は『くノ一忍法』を初監督することになる。もともと冗談のつもりで出した企画が「瓢箪から駒」で後に引けなくなったこの映画は、従来の東映路線からの大転換であり、しかも京都撮影所では撮られたことがないエロチック時代劇でもあった。

「これを知った錦兄イはカンカンになって怒って、『もうお前とは絶交だ！』とまで言っていたんだ。しかしこの映画と続編『くノ一化粧』で僕が京都市民映画祭監督新人賞を受賞することになり、それを誰よりも先に喜んで知らせてきてくれたのが、ほかならぬ錦兄イだったことも忘れられないなあ」

その後、内田吐夢監督が一年一作のペースで主人公と錦之助自身の成長を重ね合わせて撮った代表作『宮本武蔵』（全5部）が完結し、名実ともに時代劇のトップスターとなった。だがテレビ時代到来とともに下降し始めていた映画観客動員数は、東京オリンピックを機にしたカラーテレビ普及の影響で激減、60年代半ばに東映時代劇は衰退していく。

「時代劇に代わる任侠路線への出演を嫌った錦兄イは、同じ時期に男気から引き受けた東映での労働争議が収拾できなかったことも影響して、『丹下左膳 飛燕居合斬り』を最後に東映を退社してしまう。これは映画史的に見ると東映時代劇黄金期の終焉を象徴する出来事だったんじゃないかなあ」

中村錦之助（真田幸村の謀略）

１９６６年の東映退社後、錦之助は設立した中村プロダクションをベースに『祇園祭』、『幕末』をつくり、他社製作の『風林火山』、『御用金』、『新選組』などの時代劇映画でも重厚な演技を見せ、１９７８年『柳生一族の陰謀』と『赤穂城断絶』で久々に東映時代劇に復帰出演した。

「東映が時代劇復興第3作として松方弘樹主演で企画した１９７９年『真田幸村の謀略』を僕が監督することになり、敵役の徳川家康での特別出演を錦兄イに頼み快諾してもらったんだ。ただ当初のシナリオでは大坂夏の陣で家康が幸村に殺される設定だったんだが、首を落とされるシーンだけはどうしても嫌だと錦兄イが言うので、首を落とさずに空中へ跳ね飛ばしてストップモーションにしたところ、『バカヤロー！』と一喝しただけでこちらの意図をすべて了解してくれてね」

こう言って笑う中島監督だったが、その後、巨額の負債での中村プロ倒産や数度にわたる大病など、錦之助の晩年について語る中島監督は少し辛そうに筆者には見えた。

「いつの頃だったか、何かの仕事で久しぶりに顔を合わせた錦兄イと二人だけで広沢池の畔で話す機会があってね。僕が病気の原因をたずねると、親指と人差し指で輪をつくって『カネだよ』と寂しげに微笑んだ顔が忘れられないな」

時代劇映画に大輪の華を咲かせた中村錦之助は64歳で死去、１９９７年3月のことだった。

錦之助と語り合った広沢池の畔

11

時代劇から任侠映画へのスター交代——高倉健

1960年代半ば、引き続く映画観客動員数減少のなか、東映では時代劇黄金期の終焉とこれに代わる任侠映画の台頭が見られたが、その過程で時代劇の中村錦之助から任侠映画の高倉健へのスター交代というドラマがあったと中島監督は述懐している。

「任侠路線の先駆けとなったのは、僕の師匠の一人である沢島忠監督の『人生劇場 飛車角』(1963年)だったと言えます。大正期を時代背景として東京撮影所で撮られたこの作品は、原作の残侠篇が中心で副主人公の宮川役を演じたのが健さんでした」

高倉健は第2期ニューフェイスとして東映に入社後、美空ひばりの相手役など多数の作品に出演していたもののこれといった役に恵まれずにいたが、この映画でスターへの道を一歩踏み出すことになる。また同時期に内田吐夢監督『宮本武蔵』シリーズで佐々木小次郎役に抜擢されていたことも影響していたと中島監督は見ている。

「この時に主演の錦兄イが健さんの面倒をよく見たことで、健さんもすっかり錦兄イを畏敬するようになり、このことがマキノ雅弘監督『日本侠客伝』(1964年)での主演へと健さんを導くことになったんだ。というのは、当初会社は『人生劇場 飛車角』のヒットで手応えのあった任侠映画を錦兄イ主演で新路線にしようと構想していたところ、任侠映画への出演を嫌った錦兄イが降板して、その後任に窮余の策として健さんをあてたんだよ。これが当たったんだなあ。とくに時代劇での殺陣を身につけていない健さんの大上段からドスでぶった斬るという立ち回りが観客に強くアピールしたと言えるね」

その結果、『日本侠客伝』だけでなく、東京撮影所での『網走番外地』や『昭和残侠伝』もシリーズ化され、高倉は任侠映画のトップスターに躍り出ることになる。同時期、病気で倒れたマキノ雅弘監督に代わって中島監督が急遽メガホンをとることになったのが、セミオールスターの『男の勝負』だった。

「この初顔合わせの時に気づいたのは、健さんがセリフではなく無言の『間』で感情を表現できる俳優だということで、健さんのセリフの言葉数を出来るだけ減らして撮ったよ。じっと黙って相手のセリフを受けとめて、最後にスパッとシーンをさらってゆくという

高倉　健

典型的な主役芝居ができる人なんだなとわかったね」
翌年、『あゝ同期の桜』撮影中の高倉健とのエピソードは、中島監督にとって今も忘れえぬ思い出だと言う。
「特攻隊出撃シーンを撮る予定でいた長田野ロケ前夜のこと。特攻要員を訓練し彼らの出撃を見送る士官役の健さんから呼び出されてホテルへ行くと、ボーイさんにコーヒー入りポット2本を部屋へ持ってこさせていたんだよ。こりゃあ長引くぞと覚悟をしていると、『どうしても自分だけが残るわけにはいかない、彼らとともに出撃させて欲しい』と言い出してね。健さんというのは役になりきってしまうと、物語としてこうなっているという理屈が全く通じない人で、延々と徹夜で話し合ったんだ。と言ってもお互いに沈黙している時間がほとんどだったかなあ。結局は納得してもらえないまま時間切れとなり、シナリオどおりに撮ったけどね」
やがて70年代に入り、学生や若者たちから熱狂を浴びた任侠映画人気も急速に衰えてゆき、これに代わって中島監督も関わることになる実録路線が登場する。

「健さんもこの頃には、ワンパターンの任侠映画に徐々に後向きになっていて、『神戸国際ギャング』を最後に1976年に東映を退社してしまったんだ」

しかし中島監督が高倉健の中に見出していた大スターとしての素質は、東映退社後、見事に開花し日本映画界を代表する俳優として数々の作品を残し、2014年11月に83歳で逝去。

「とにかく健さんは思い込みの強い人だったけど、そのゆるぎない姿勢を最後までとおしたという点では、やっぱり稀有な俳優さんだったね」

中島監督はしみじみとつけ加えた。

特攻出撃シーンをロケした長田野

12

確執と和解をとおして――鶴田浩二

最盛期の東映任侠路線を高倉健、藤純子（のちの富司純子）と共に支えた鶴田浩二も、中島監督の映画人生に大きな関わりをもった俳優の一人だ。

「戦後まもなくから典型的な二枚目俳優として活躍していた鶴さんが、東映で頭角をあらわす契機になったのは沢島忠監督の『人生劇場 飛車角』で、ここから任侠映画のスターになったという点では高倉健さんと同じであったと言えるかな」

鶴田との初顔合わせとなった『あゝ同期の桜』で、中島監督は第14期海軍飛行予備学生たちの手記をもとに、彼らが何を考えどう死んでいったかに焦点をあて、惨死としての特攻を批判的に描こうとした。

「鶴さん演じる隊長に率いられ特攻機が出撃して海上へ消えてゆくシーンに、『海ゆかば』を使って欲しいと俊藤浩滋プロデューサーから言われたんだけど、鶴さん自身も海軍航空隊整備科予備生徒だったことから、特攻を『散華』として美化したいという気持が強かったんだと思うよ。しかしどうしても僕の思いとはかけ離れてしまうからと、これを拒絶したんだ」

このことが影響したのか、中島監督は同年『兄弟仁義 関東兄貴分』を鶴田主演で撮っているが、撮影中、演出上の必要事項以外は一切口をきかないという気まずい雰囲気だったと言う。そんな鶴田との確執が決定的になったのは、『日本暗殺秘録』だった。

「鶴さんには二・二六事件の首謀者の一人・磯部浅一を演じてもらったんだが、ラストの磯部の手記の扱いをめぐって『過激すぎる』と鶴さんが反対したのを僕が無視して押し通し、しかも会社からの圧力で録り直すことになってね。『だから、言ったやろ』と鶴さんに言われて、それからは撮影所で顔を合わせてもお互いに挨拶もしないことになってしまったんだ。鶴さん取り巻きの川谷拓三や野口貴史たちからも『あいつは生意気だ！』という目で見られるようになって……」

鶴田浩二

中島監督がこうふりかえるような関係が、『やくざ戦争 日本の首領』（1977年）まで8年間続いたのだ。

「この映画の企画段階で『お前ら二人ともええ歳して、何しとるんや』と俊藤さんに言われて、その仲介で鶴さんと二人で一晩飲むことになってね。『なんでこんなことになったんかなあ』と鶴さんが言ってくれたことから僕も素直な気持になれて、これから撮る『日本の首領』についてお互いの思いを語り合ううちに、何か心が通い合ったのを実感できたね」

それ以降、撮影現場では鶴田が中島監督を何かとバックアップしてくれているのを感じたと言う。

「主演の佐分利信さんはかつて監督も経験した人だから、演出に関して僕と議論になったりもしたんだけど、そんな時に『監督の言うとおりにやろうや』と鶴さんが言ってくれたこともありがたかったな」

この作品をとおして、鶴田が脚本や演出意図を深く理解してくれる俳優であることを再認識し、鶴田演じる若頭辰巳の死のシーンなどとくに印象深いと中島監督は述懐する。そして同年の『日本の仁義』に続き、『総長の首』（1979年）、『制覇』でも中島監督は鶴田と仕事を共にした。

「その後、鶴さんの病状が悪化していた頃に、何かの映画の中で鶴さんの出演シーンをつくってくれと俊藤さんに言われたんだけど、『鶴さんのやつれた姿を映像に残すに忍びない』と僕は断固反対したんだ。結果的には、凛々しく毅然とした鶴さんのイメージを傷つけなくてよかったんじゃないかな」

それから間もない1987年6月、鶴田浩二は62歳で死去した。

「鶴さんは映画づくりをとおして言葉ではない人間同士のふれあいを教えてくれたかけがえのない人だったし、僕自身の幼さへの悔悟の念はあるものの、最後に解り合えてしこりを残さずに別れられてよかったとも思っていますよ」

こう語る中島監督の目に光るものを見た筆者にも、何か熱いものがこみあげてきた。

「日本の仁義」ラストシーンのロケ地・永観堂

13

凄まじい殺陣から喜劇まで
——若山富三郎

「若山さんは、何とも不思議なおかしさをもった人だったなあ」

中島監督は楽し気にこう切り出した。

「弟の勝新太郎さんが大酒飲みだったのに、若山さんは下戸で酒代わりに饅頭をパクパク食べるんだよ。ある時、飲み屋で若山さんの前だけテーブルに饅頭が積み上げられたから、『こんなに食べたら糖尿病になってしまうから、下げろ！』と僕がホステスに命令すると、若山さんが哀れっぽい声で『貞夫、頼むからもう一つ二つ残しておいてくれ』って言うんだから」

若山富三郎が中島監督を「貞夫」と親しく呼ぶようになったいきさつをまず聞くことにした。

「当時、若山さんは大映にいたんだけど、１９６６年に僕が『任侠柔一代』を撮る時、俊藤浩滋プロデューサーと相談して若山さんを東映へ呼ぼうということになったんだ。正直言って若山さんの大映での評価も知らなくて、ただ僕の助監督時代に東映に一時いた若山さん主演の『旗本と幡随院 男の対決』（１９６０年）での身体の動きを見ていて、柔術家役にピッタリだったからね。その時からのつき合いなんで、『貞夫』、『富兄イ』みたいな関係が終生続いたわけだよ」

後に、周囲からは「若山先生」と呼ばれ、上下関係にうるさいと恐れられた若山に対しても、中島監督だけは気軽に直言できたようだ。

『任侠柔一代』に続いて中島監督の『尼寺㊙物語』に出演した若山は尼僧を凌辱する悪坊主を演じたが、このキャラクターが若山の東映での代表作『極道』や『極悪坊主』などのシリーズにつながることになったのかも知れない。また『日本暗殺秘録』をめぐる若山との面白い思い出を中島監督は語ってくれた。

「映画の冒頭、桜田門外シーンでの若山さんの立ち回りをワンカットで撮ることになって、当初『そんなもん簡単や』と言っていた若山さんもさすがに途中でへたってしまってね。『カット』をかけた後、セット裏で若山さんが何か叫んでいるというので見に行くと、『貞夫がオレを殺そうとしているー！』と大声をあげていたのには思わず笑ってしまったね」

若山の凄まじい殺陣の妙技は誰もが認めるところだったが、「トンボ切り」など自信満々でやろうとする反面、それを失敗してしまうことにも、中島監督は

若山富三郎（極道シリーズ）

若山のおかしさを感じたと述懐している。

『極道vsまむし』（1974年）での菅原文太とのいざこざも印象深いようだ。それは若山主演の『極道』と菅原主演の『まむしの兄弟』の両シリーズを合体させた企画であった。

「脚本第1稿を若山さんに先に読ませたら、マンションに呼び出されて『われ、まむしに味方すんのけ、まむしが立ってワシが立ってない』とクレームをつけられたんだ。縷々説明をして何とか撮影にこぎつけたんだが、文ちゃんがロケ先へ遅れてきたことからトラブルが起こってね、若山さんはいつまでも文ちゃんを自分の子分みたいに思っているんだよ。『とにかく撮影が終わるまでは……』と僕が仲裁して何とか事なきを得たんだ」

そんな直情径行ぶり、常識外れの言動から、若山を扱いにくいと思う人もいたが、中島監督には独特の滑稽さや人間味を感じることができたと言う。

「とくに若山さんがもっている滑稽味が、幅のある演技になりコメディーリリーフとしても活かされたん

だね。晩年に出演してもらった『女帝 春日局』での徳川家康役も若山さんだから出せた味わいだったね。一方で長年の甘い物好きが祟ったのか糖尿病がひどくなって、京大病院へ入院した若山さんを見舞うと、病室でも自制ができなくてタバコは吸うし饅頭は食べるしで、結局、病院を追い出されることになってね」

1992年4月、若山富三郎は62歳で逝去する。

「若山さんの死から5年後に勝さんも亡くなってしまった。二人ともつき合いがあったけど、お互いに尊敬し合っていたし、芸能界では珍しいほど仲の良い兄弟だったなあ」

若山の殺陣が躍動する桜田門外の変

14

にじみ出る飢餓感を魅力に——菅原文太（その1）

中島監督がこれまで撮った63作品のうちで一番出演数が多いのは、主演級俳優で言えば菅原文太であろう。菅原とは20本の映画で仕事を一緒した長いつき合いだと言う。

「文ちゃんとは監督と俳優というよりも友達づき合いと言える関係だったと思うよ。それには同世代だったことの影響が大きくて、僕が1歳下だったので『文ちゃんは旧制、オレは新制』とよく冗談を言っていたけど、やはり同時代を生きて感じたことでの共通項が多かったのは間違いないね」

映画界に入ったのもほぼ同時期だったが、菅原と中島監督が東映で顔を合わせるまでには10年近い年月を要した。

「文ちゃんは最初新東宝にスカウトされて映画界に入ったんだが、新東宝が倒産して松竹へ移籍することになる。しかし文芸・女性路線の傾向が強かった当時の松竹では彼のようなキャラクターを活かすことができず、東映へ移ってきたわけだね」

菅原が東映へ移籍した1967年は、中島監督が『あゝ同期の桜』や『大奥㊙物語』などヒット作を経て、東映京都撮影所の中核を担うようになった頃だ。

「文ちゃんとはすぐに仕事をする機会はなかったんだけど、助監督時代からの親しい仲間だったコーブン（鈴木則文監督）の声かけで文ちゃんと3人で飲みに行くことがあったんだ。初めて会った時の彼は筋肉質で痩せて目がギョロギョロして尖った外見だったが、『税務署へはわざとヨレヨレの薄汚れたレインコートを着て行くんだ』みたいなことを平気で言う真っ正直なところがあり、実際に東映移籍後もセリフのない端役しかなくて仕事への飢餓感みたいなものがひしひしと伝わってきたことを憶えているよ。しかしじっくり話をすると知性的で上昇志向も強くて、映画界の現状や将来についてあれこれ語り合う中で、これから一緒にいい仕事をしていこうと意気投合してね、何と言ってもみんな若かったたし……」

そんな菅原との初顔合わせの機会はすぐにやってくる、１９６９年の『日本暗殺秘録』だ。

「この映画はオールスターキャストによる暗殺史だったんで、文ちゃんにもその一人として第5話のテロリストを演じてもらうことにしたんだ」

菅原文太（木枯し紋次郎）

学生時代にこの映画を見た筆者は、異様な殺気みなぎる目つきで安田善次郎に襲いかかる刺客を演じた菅原に強い印象をもった記憶がある。その翌年、『戦後秘話 宝石略奪』において、中島監督は初めて菅原を主役に起用する。

「この映画は僕にとって初めての東京撮影所作品で、当時の東映としては珍しく香港やマカオでの海外ロケをやってね。ただ現地事情の調査不足から完全に雨期に入ってしまって、連日シャワーのような雨にたたられたおかげで、缶詰めになった香港のホテルで文ちゃんと、この作品だけではなくそれぞれに今後やりたい映画についてじっくり話す機会を得たんだ。とくにやくざ世界を美化する任侠映画に批判的だった僕の考えに彼も共感してくれていたことがよくわかったな」

やがてこのことが中島監督と菅原にとって次の飛躍へのステップに結びつくことになる。60年代後半に全盛を極めた任侠映画の勢いが70年代に入り徐々に衰える中で、東映でも新しい路線を模索し始めていたからだ。

「かねてより僕が任侠路線から距離をおいていたことをよくわかっている俊藤浩滋プロデューサーが、ある時『これやったら、お前もやるやろ』と出してきた企画が『まむしの兄弟』だったんだ。これはやくざ世界を義理と人情で美化するのではなく徹底的にパロディー化したものだから、文ちゃんのもっている三枚目的要素を十二分に引き出すことになり、彼も大乗り気になってくれてね」

またその一方で、『木枯し紋次郎』の映画化にあたって中島監督は、菅原からにじみ出る飢餓意識や暗いニヒリズムを活かした紋次郎像をつくり出すことにもなるのだ。

紋次郎の立回りをロケした安曇川河岸

15

にじみ出る飢餓感を魅力に
——菅原文太（その2）

やくざ世界を思い切って戯画化した『懲役太郎 まむしの兄弟』で、菅原文太の一見強面だがそれがずっこけた時に現れる喜劇性、この落差と二面性を見事に引き出した中島監督。この作品は同年に撮られた『現代やくざ 血桜三兄弟』とともに、中島監督と菅原とのつながりを深めると同時に、東映として任侠否定の新しい路線の萌芽と見ることができるだろう。

「同時期に『木枯し紋次郎』を映画化することになり、アンチ任侠で股旅の原点を描こうとした時、飢餓感をにじみ出させる文ちゃんの暗いまなざしを活かそうと思ったんだ。彼の長い足に合わせたくて合羽を長くしたり、時代劇の訓練を受けていない彼の逃げ回りながらの殺陣シーンが新鮮だったと思うな」

中島監督の封切作品リストを見ると、1972年の項には『まむしの兄弟 懲役十三回』、『木枯し紋次郎』、『まむしの兄弟 恐喝十八犯』、『木枯し紋次郎 関わりござんせん』の4本があがっている。

「この年は、まむし・紋次郎・まむし・紋次郎で過ごした一年で、ずうっと文ちゃんと仕事していたなあ。これらの仕事をとおして、彼の演技にも随分変化があって、いい意味でのスター芝居ができるようになってきたのが感じられたね」

中島監督からこう評される菅原が、当時のインタビューの中で「中島監督は非常にエネルギッシュだ。タフな男だから二日酔いでヘドを吐きながらでも仕事をする。そんなエネルギーが画面に満ちあふれている」と評していることも筆者には興味深い。中島監督も菅原もともに三十代後半、疲れを知らない時期であったのだろう。

菅原は翌1973年に『仁義なき戦い』（深作欣二監督）に主演、1975年に始まる『トラック野郎』（鈴木則文監督）も人気シリーズとなり、名実ともに東映の看板スターの一人に躍り出ることになった。

「そうそうこの前後のことだけど、僕がある作品企画のために原作映画化権を買う必要に迫られた時、文ちゃんは友達の好をもって金を貸してくれたし、ＡＴＧ製作『鉄砲玉の美学』の時は白揚社という会社をつくるにあたって彼にも出資してもらったこともあったよ」

『極道vsまむし』をめぐる若山富三郎とのいざこざ

菅原文太

についても、中島監督はあらためてふれた。

「文ちゃんが松竹から東映へ移って来た後、しばらくは役に恵まれず『極道』シリーズで主演の若山さんの子分役をやっていんだが、若山さんが日常生活でも子分扱いしていたことから、あんなトラブルもあったんだね。それでも文ちゃんの方が大人だったのか、若山さんをちゃんと立てていたし、若山さんが亡くなった時も『殴られたり散々な目に合わせられたが、やっぱり若山さんが好きだった』と述懐していたくらいだからね」

その後も中島監督作品への菅原の出演は続き、『日本の首領』3部作ではそれぞれに違う役を演じ、三船プロで撮った『犬笛』でも菅原は初の他社出演を果たしている。『総長の首』、『制覇』、『首領を殺った男』と出演作が途切れることがなかった菅原に、長男の事故死という悲劇が見舞う。2001年10月のことだ。

「文ちゃんにとっては、やっぱりショックな出来事だったと思うよ。その頃から、文ちゃんは少しずつ変わっていったのかも知れないね。まもなく病気のこともあって俳優業の一線を退き、田舎で有機農業に取り組んで、食の安全や命の大切さを訴えるようになっていったんだ」

東日本大震災で故郷仙台が被災したことから被災地復興、脱原発を訴えていたこと、病気をおして沖縄知事選で翁長候補の応援に駆けつけ、「戦争だけはしちゃいかん!」と演説する菅原の姿に筆者は感動した憶えがある。

半年後の2014年11月、菅原文太は81歳で逝去。

「その年5月に対談をしたのが文ちゃんとの最後になったんだが、さすがに目に精彩がなかったのを哀しく思ったものだよ」

文太のアクションを撮った大映通商店街

16

俳優人生をネチョネチョと
——松方弘樹

筆者が「剣豪スター・近衛十四郎の息子」としてその名を知った頃の松方弘樹は、中村錦之助や大川橋蔵たちの主演映画の脇役を務める若手時代劇俳優の一人だった。その松方のイメージを大きく変えたのが、中島監督の『893愚連隊』（1966年）である。

「前年に『山窩』が大川社長の一喝で製作中止になって、しばらくフテ寝状態にあった後に取り組んだ僕としても待望の現代劇で、京都を舞台にオールロケで撮ることになってね。主役のチンピラに弘樹ちゃんをあてることにしたんだ。同期の北大路欣也とライバル的扱いで売り出していたんだが、弘樹ちゃんには彼特有のとっぽい雰囲気があったので、その個性をうまく活かせる作品だったと思うよ」

中島監督がこうふりかえる『893愚連隊』は、松方演じる主人公たちの姿をとおして、70年安保を前にした社会の反体制気運を反映したものとして高く評価され、中島監督は日本映画監督協会新人賞を受賞する。

「この映画のラストで彼が言う『ネチョネチョ生きる』というセリフは、当時の映画界の中でどう仕事をしてゆくかという僕自身の気分と重なるものがあったのだろうね」

『893愚連隊』に続いて松方は中島監督の『任侠柔一代』や『あゝ同期の桜』でも主演を務めた後、一時、大映作品に出演することになる。

「看板スターだった市川雷蔵が病死して、弘樹ちゃんにその代わりをさせようという意図で大映が雷蔵の人気シリーズだった『眠狂四郎』や『若親分』をリメイクしたんだな。しかし1971年に大映が倒産したため、結局、彼は東映へ復帰することになったが、活躍の場がなくて少しくすぶっていたんだ」

その時にたまたまめぐってきたのが、NHK大河ドラマ『勝海舟』への出演だったと言う。

「主演の渡哲也が病気で途中降板することになり、

困ってしまった脚本担当の倉本聰が『誰かいないかな』と僕に相談してきたので、弘樹ちゃんを推薦してNHKまで彼を連れて行ったんだよ」

その代わりに東映で松方主演を一本用意しておくとの約束で中島監督が撮った『脱獄・広島殺人囚』は、エネルギッシュな汚れ役にピッタリ合った松方の強烈な個性が見事に発揮され、『仁義なき戦い』シリーズでも存在感ある敵役を務めることになった。

松方弘樹（真田幸村の謀略）

「同じ頃、『東京＝ソウル＝バンコック　実録麻薬地帯』（１９７３年）の韓国ソウル市街でのロケでは、弘樹ちゃんがホンモノのバスジャック犯と間違われて、危うく銃撃されそうになったハプニングも忘れられないなあ」

その後も、松方のふてぶてしいイメージが、『暴動・島根刑務所』、『暴力金脈』、『実録外伝 大阪電撃作戦』、『沖縄やくざ戦争』、『首領を殺った男』など中島監督の一連の作品の中で活かされている。

「とくに『日本の首領』シリーズ第2部『野望篇』でインテリやくざに扮した弘樹ちゃんは、岸田今日子との中年男女の芝居を見せてくれたが、『８９３愚連隊』から10年を経て彼の成長を目の当りにした感じがしたよ」

そして東映が時代劇復活をめざした『真田幸村の謀略』では、主役・幸村を水を得た魚のように演じた。

「弘樹ちゃんは若い頃から先輩俳優として錦兄イを目標にしていたみたいでね。目上の俳優に対して礼儀正しい彼を錦兄イもかわいがっていたので、『弘樹のためなら助けてやるよ』と徳川家康役で出演したのも彼の人徳だったかな。ただし一方でお金が入ると周囲に奢って派手に遊びまわり、女性問題でもスキャンダラスな話題をふりまいてしまうという意味でも、彼は最後の映画スターだったと言えるかも知れないね」

中島監督の撮ったドキュメント『時代劇は死なずちゃんばら美学考』（２０１５年）で立ち回りへの情熱を熱く語った松方弘樹は、『多十郎殉愛記』出演を約束していたが、果たせないまま２０１７年１月に74歳で死去した。

「８９３愚連隊」ラストシーンを撮った三条大橋

17

身体を張ってアクションに挑む——渡瀬恒彦

中島監督の1970年代の数々の作品の中で、若々しいエネルギーを銀幕に叩きつけた俳優が渡瀬恒彦だ。

「恒さんは大学卒業後に一度サラリーマンをしていたところを岡田部長（当時）のすすめで東映へ入社したために、同年代の俳優仲間たちよりも遅れて映画界に入ったという意識が根底にあったみたいだね。恒さんは根っからの負けん気が強かったので、芝居が十分にできないことを身体能力を活かしたアクションでカバーしようとしたんだろうな」

そんな渡瀬が演技に開花する契機になったのは、中島監督との初顔合わせとなる『現代やくざ 血桜三兄弟』だった。

「岐阜へロケに行った時のこと、共演者の荒木一郎とのからみのシーンを自主的にリハーサルさせて欲しいと言ってきてね。荒木とはタイプが違う者同士だけど不思議にウマが合ったみたいで、その影響で恒さんは演技することの面白さに目覚めたのか、それ以降、彼の演技は確かに変わっていったね」

中島監督がATGで撮ることになった『鉄砲玉の美学』をめぐる渡瀬とのエピソードも忘れ難いと言う。

「僕の企画を聞き込んだ恒さんが『監督、何かやるんだって？　主演はオレだよね、オレやるよ！』と自薦し、自分の愛車を撮影に使って都城ロケに参加してくれたんだ。このロケ合宿をとおして、ツッパリでやんちゃな顔の裏側で、周囲への気配りの出来る恒さんの本質を知ったね」

その前後のこんな出来事も、渡瀬の人間性を知る機会になったと中島監督はふりかえっている。

「ある日、恒さんが演技課の前でふてくされていたので理由を聞くと、彼の父親が倒れたのだが撮影日程が詰まっていて帰れないでいるとのことだった。僕が『すぐに帰れ！』と言ったので彼は帰郷したんだが、しばらくして父親が亡くなってしまってね。淡路島の彼の実家での葬儀でのこと、会葬者に僕の姿を見つけた恒さんが駆け寄ってきて抱きつき大声で泣いたんだよ。『みんなが見ているから、ちゃんとしろ』と諭したものの、人前を気にせず泣くことができる彼の純粋さに却って感じ入ってしまったんだ」

渡瀬恒彦（鉄砲玉の美学）

『鉄砲玉の美学』だけでなく『女番長 感化院脱走』（1973年）、『ジーンズブルース 明日なき無頼派』（1974年）など、自滅せざるを得ない青春を描いた中島監督の70年代作品の中では、そんな渡瀬のもつ純粋性が如何なく発揮された。

「恒さんはのちに『ピラニア軍団』と呼ばれるようになる俳優たちと連れ立って、僕の家へしょっちゅう飲みに来ていてね。その頃はまだ幼かった僕の息子が恒さんに一番なついていたんだけど、彼のピュアなものが子供には直感的にわかったんじゃないかな」

中島監督がオールロケで撮った『狂った野獣』では、渡瀬は身体を張った激しいアクションを演じている。

「この映画に主演するために、恒さんは大型特殊免許を一週間ほどで取得してきてバスを運転し、とくにラストではバスの転倒シーンまでスタントなしでやったんだ。その後もエスカレートする激しいアクションに挑む恒さんに『いつか取り返しのつかないことになるから』とやめるよう助言していたんだけどね」

そんな中島監督の危惧が不幸にも的中し、1977年、『北陸代理戦争』（深作欣二監督）撮影中にジープから投げ出され重傷を負った渡瀬はこの映画を降板、それ以降、性格俳優として多数の映画に出演しテレビでも活躍したが、2017年3月、72歳で亡くなった。

「『瀬降り物語』も当初は恒さん主演で構想していたんだけど、長期ロケに耐えられないとドクターストップがかかってしまってね。純粋で無鉄砲な内面を画面に身体ごとぶっつけるような恒さんの演技が見られた期間は短かったんだが、その間に映画づくりを一緒したことを今も僕自身の宝にしているよ」

中島監督は静かにつけ加えた。

「狂った野獣」のバス暴走を撮った新丸太町通

18

居候が演技開花の機会に
——千葉真一

2021年8月、新型コロナウイルス感染による肺炎のため82歳で死去した千葉真一。筆者が初めて千葉の名を知ったのは、小学生の時にテレビで見た『七色仮面』、『アラーの使者』という子供向けヒーロー活劇だった。

「千葉はもともと体操競技でオリンピックをめざしていたんだが、ケガでその道を諦め日体大中退後に東映第6期ニューフェイスで映画界へ入ったんだ」

中島監督は、千葉との若い頃からの長いつき合いについて語り始めた。

「偶然に彼とは東映入社が同年なんだけど、僕はすぐに京都へ来て彼は東京撮影所の作品に出演していて、初めて一緒に仕事をすることになったのは『あゝ同期の桜』だった。この映画では当然ながら特攻隊員たちが主役なんだけど、京撮は時代劇俳優が潤沢でも若い学徒兵の雰囲気を感じさせる人がほとんどいなくて、東撮の千葉に白羽の矢を立てたんだ。彼は僚友の妹に淡い恋をする特攻隊員を演じていて、とくに出撃前に彼女への未練を断ち切り海辺でダンチョネ節を一人歌うシーンなどなかなか良かったよ」

そして『あゝ同期の桜』で演じた千葉の純朴な青年像をさらに増幅させる機会がまもなくやってくる。それが『日本暗殺秘録』だった。中島監督はこのオールスター大作の実質上の主役とも言える小沼正役に千葉を抜擢した。

「この映画では水戸から東京へ出てきて真面目に働く若者が、社会の矛盾に突き当たり挫折する中で徐々にテロリストに変貌してゆく過程を描いているんだ。純真ゆえに情念に火がつき要人暗殺に向かうことになる小沼の人物像にいかに迫るかが重要だったから、若い頃の千葉がもっていた良い意味での田舎臭い素朴さが活かせたんだと思うな」

千葉が中島監督の自宅に2週間泊り込んで撮影に

千葉真一（日本暗殺秘録）

臨んだという逸話はこの時のものだ。

「この映画の脚本家・笠原和夫さんが『本気でこの役にあたるのなら、監督の家に寝泊まりしないといかんぞ』と千葉に助言したんだ。笠原さんはあくまでも意気込みを言ったつもりが、ほんとうに押しかけてきたので二軒長屋の狭い家だったから正直困ったけど、こっちも覚悟を決めてね。おかげで毎晩一緒に飲んでしゃべったよ。ただ彼が居候している間のわが家の電話代が跳ね上がって驚いたんだが、野際陽子さんと長距離の長電話をしていたことが後でわかったんだ」

こう言って笑う中島監督だが、この居候は千葉真一の俳優人生にとって重要な意味をもっており、このことが演技に開眼するきっかけとなったと千葉も後年に語っている。

『日本暗殺秘録』での演技で千葉は京都市民映画祭主演男優賞を受賞し、その後も『東京＝ソウル＝バンコック　実録麻薬地帯』、『沖縄やくざ戦争』、『やくざ戦争　日本の首領』、『日本の仁義』など、中島監督の実録路線作品で印象的なやくざ役を演じている。

「とりわけ『沖縄やくざ戦争』は、僕としてもアメリカ統治下の戦後沖縄の特殊性を反映したやくざ社会を描きたかったから、千葉が演じる特異な個性をもった荒々しい沖縄やくざの位置づけは重要だったと言えるし、彼の見せた琉球空手がアクション俳優としての力量を発揮することにもなったのかな」

しかしアクションを演技の一部としてではなく、独自のものとして追及するようになってゆく千葉に、俳優としての危うさも感じたと中島監督は述懐している。

「その後、アクションでのハリウッド進出など、彼の夢がどんどん肥大化していったことが、晩年の事業失敗につながったのかと思うと残念だね。2020年秋の京都国際映画祭で久しぶりに対談した時、『日本暗殺秘録』や『沖縄やくざ戦争』について懐かしく語り合ったのが、彼との別れになってしまって……」

若き日の純朴な千葉の面影を偲ぶかのように中島監督の声は小さく途切れた。

「日本暗殺秘録」をロケした裏寺町通

19

大女優の心くばり——山田五十鈴

これまで男優ばかりをとりあげてきたが、中島監督との日頃の話題に女優のことが出なかったわけではない。ただ映画史をたどってゆくと、チャンバラ主体の時代劇では男の主人公を中心にした物語が多いため、どうしても女優は主役を支える脇役的存在とならざるを得なかったのではないだろうか。

「とくに松竹などと比較するまでもなく、東映は『男の映画』だったと言ってもいいんじゃないかなあ。時代劇黄金期に量産された勧善懲悪ものに何とか風穴を開けたいと僕が思っていたのは、このあたりにもねらいがあったんだ。その観点から言えば『大奥㊙物語』で女性中心の時代劇を撮ったことの意味は大きかったかも知れないね」

水谷八重子、杉村春子と並んで「日本の三大女優」の一人に数えられる山田五十鈴との出会いとなった『大奥㊙物語』について語る中島監督には、いつも以上に熱いものが感じられた。

「もともとこの映画は僕の師匠の一人・今井正監督が撮る予定であった企画を僕が引継ぎ、会社方針から女ものオールスターの全3話オムニバスになったんで、全体を通して芯になる御年寄・松島役を山田さんにお願いしたんだ。と言うのも当時の東映には綺麗で可愛いお姫様俳優はたくさんいたけれど、山田さんのような存在感のある女優は残念ながらあまり見当たらなかったからね」

さらに中島監督には女優・山田五十鈴に関して長年抱き続けていた強烈な印象があったと言う。

「学生時代に見た内田吐夢監督の『暴れん坊街道』で、山田さんが見せた打掛の裾さばきが実にすばらしかったんだ。その一瞬の動きのなかに元の夫やわが子への未練を断ち切って運命を受け入れてゆこうとする女の情感がちゃんと表現されていたんだなあ」

このことが脳裏にあったので、中島監督は『大奥㊙

物語』を撮る中で若い女優への挙措動作の指導を山田に依頼することにした。

「撮影を中断して半日かけて藤純子をはじめ出演者に大奥廊下の歩き方、とくに90度ターンする時の裾さばきを徹底的に教えてもらってね。これが暑い季節のことで、むせかえるようなスタジオでやっていたんだが、ふと気づくと僕にだけ扇風機があたっているんだ。

山田五十鈴

山田さんの付き人が持ち込み彼女の指示で僕に向けられていたのですぐにお返ししたんだけど、またいつの間にか僕に向いていてね。僕が一番暑そうに見えたのかも知れないけど、山田さんはこんな心配りができる人なんだなあと感激したよ」

山田五十鈴が髄所で見せる見事な受けの芝居も功を奏して『大奥㊙物語』は大ヒットし、すぐに『続大奥㊙物語』を撮ることになった中島監督は、主要キャストに嵯峨三智子を起用することにした。

「山田さんの娘であることとは全く関係なく、嵯峨さんのもっている妖艶な雰囲気を活かそうと思ったんだが、クランクインして3日間ほどしてその嵯峨さんが突然撮影に出てこなくなり、途中降板で代役を立てて撮り直したりの大騒動になったんだ。僕も腹が立ってマスコミに嵯峨さんの悪口をついしゃべりまくったりしてね」

山田五十鈴からの長文の書簡が、中島監督宛に届いたのはそんな時だったらしい。

「それは娘の不祥事を詫びて、今後自分で役に立つなら監督のどんな作品にでも出演させてもらうことで許してもらいたいと言う懇篤な手紙だったんだけど、そこには女優というよりも一人の母親としての真心が感じられたな。すっかり恐縮してしまった僕は、それからは却って山田さんに出演をお願いしにくくなってしまったんだ、何となく弱みにつけこんでいるように思われたくなくてね」

結局、山田五十鈴は中島監督作品にその後一度も出演することはなかったが、京都へ来るたびに一緒に食事をしたりする親しいつき合いが、２０１２年７月に彼女が95歳で亡くなるまで続いたと言う。

「大奥㊙物語」をロケした二条城唐門

20

忘れじのベテラン女優たち

山田五十鈴だけでなく中島監督が今も心に残る人として名前をあげたベテラン女優たちがいる。その一人が木暮実千代だ。

「木暮さんは松竹でデビューしその後は大映京都撮影所を中心に活躍していたんだけど、僕が助監督についていた田坂具隆監督の『親鸞』や『ちいさこべ』で仕事を一緒にして以来、親しくしていたんだ。そんなご縁もあって僕が初監督をすることになった『くノ一忍法』では、徳川家康の側室役で出演してもらうことになってね」

監督デビューの撮影初日のこと、中島監督には忘れられない大切な思い出がある。

「木暮さんがそっと紙包みを僕に手渡してくれたので、なんだろうと誰にも見られないように開けると出世稲荷のお守りが入っていたんだよ。これから先も映画監督として立派にやっていけるようにと、わざわざ撮影前にお札をもらいに行ってくれた木暮さんの心づかいが嬉しくて、ジーンと胸にこみあげてきたなぁ」

言うまでもなく、出世稲荷は日本映画の父・牧野省三や尾上松之助が奉納した鳥居や石柱が残り、映画関係者が出世を祈願する神社として知られていた。

木暮実千代は『続大奥㊙物語』にも出演している。その『続大奥㊙物語』と言えば、すでにふれたように主役女優の途中交代で中島監督は厳しい撮影日数の中で苦闘させられたが、その一方でこの映画に重みを与えてくれたベテラン女優がいることを話してくれた。それは小津安二郎監督『東京物語』でもよく知られる東山千栄子である。

「東山さんは戦前の築地小劇場出身という言わば日本新劇界のレジェンドで、当時も劇団俳優座の重鎮としてチェーホフ『桜の園』のラネーフスカヤ夫人などの名演を見せていた人だった。僕は学生時代から三越劇場での俳優座公演は必ず見ていたし、ギリシャ悲劇研究会の『オイディプス王』公演での協力を求めて俳優座に出入りしていたので東山さんとも多少面識があったんだよ」

中島監督はそのご縁を頼りに『続大奥㊙物語』への出演を直接頼みに行ったと言う。

「ありがたいことに東山さんは昔のことをちゃんと憶えてくれていて、『もうあんまり動けないわよ』と

東山千栄子（東京物語）

最初は消極的だったが、『京都の秋の松茸は美味しいですよ』とかなんとか言って頼み込んで、『じゃあ、行くわ』と了解してもらったんだ」

また若き日の中島監督作品への出演者の一人として、明治生まれの名女優・三益愛子のこともあげておかなくてはならないだろう。

「三益さんはいわゆる『母もの』で一世を風靡した女優で、30本以上の映画で母親役を演じていたので、『あゝ同期の桜』では松方弘樹演じる主人公の母親役で出演してもらった。とくに特攻出撃前の息子との最後の別れなど三益さんだから出せた母親の哀しさが印象深いね。さらに『日本暗殺秘録』でも、千葉真一演じるテロリスト小沼正の母親役をやってもらったんだけど、やっぱり母親の情感がにじみ出ていてシーンがひきしまったよ」

最後にもう一人、高峰三枝子のことも話題にしておきたい。

「高峰さんは松竹大船の出身で東映とは長くご縁がなかったんだけど、『真田幸村の謀略』を撮るにあたっ

て貫禄ある淀君役で出演してもらったんだ。ある時、撮影したフィルムをラッシュで見た後、試写室から出てきたところで高峰さんにバッタリ会ったんだ。『いまラッシュを見たところです』と言うと、高峰さんが『ねえどうだった、私、きれいに撮れていた？』と聞いてきたのには驚いてしまったけど、やはり女優さんはこれでなければとも思ったよ。その後に撮った『序の舞』でも、高峰さんは京の老舗の内儀役で存在感を見せているしね」

新しい映画路線に挑み続けた中島監督の映画人生をふりかえると、それを支えた女優はきっとまだまだありそうだ。

千本二条から大原へ移った出世稲荷神社

21 確かな演技力の新劇女優

『くノ一忍法』で監督デビューした中島監督は、それ以降も従来の東映時代劇の殻を破るべく新機軸の映画づくりに挑んでゆくが、その中で大きく変わったのが女優の位置づけだったのではないだろうか。

「僕が入社した当時に全盛を誇った東映時代劇のほとんどが正義のヒーローが悪を退治する物語で、女優はそれに花を添えるみたいな存在でしかなかったんだが、僕が撮る映画では女優の役割をもっと重要なものにしたくてね。そうなると東映の従来の女優たちだけではなく、細かい演技のできる新劇出身の女優に出てもらいたいと思ったんだ。新劇界では僕が学生時代にギリシャ悲劇研究会でやった公演のことを知ってくれている人が多かったことも幸いして、抵抗なく出演してもらえたのかも知れないいな」

そんな新劇出身の女優として、中島監督はまず岸田今日子の名をあげた。

「岸田さんは文学座出身で、僕が助監督を務めた今井正監督の『武士道残酷物語』でも独特のなまめかしい色香を漂わせる演技が印象に残っていてね」

『大奥㊙物語』は東映初の女ものの時代劇でたくさんの女優が出演することになったが、その一角を岸田今日子が担うこととなった。

「オムニバス第2話で、岸田さんには小川知子相手に同性愛シーンを演じてもらったんだ。これまでの東映では描かれなかった世界だけど、さすがに新劇で鍛えられた確かな演技力で、すべてまかせていても当時新人だった小川知子を上手くリードしてくれていたね」

『日本の首領 野望篇』でも、中島監督は岸田に重要な役どころをふっている。

「この映画では、男たちと堂々と渡り合い物語展開の上で鍵を握る華族出身の女性が登場するんだけど、これは岸田さんでないとやれないと思って配役したんだ。これがズバリ的中して、高貴な気品と同時に妖艶なムードを醸し出していて、とくにインテリやくざ役の松方弘樹と二人が演じる微妙な大人の恋模様をじっくりと見せてくれた岸田さんは素晴らしかったな。岸田さんはその容姿や声で独特の粘着型の雰囲気をもった芝居をするんだけど、実際はどこか浮世離れしたさらっとした人でね。ある時、一緒に電車に乗ったことがあるんだけど、周囲の乗客から彼女だとは全然気づかれないのには、意外な思いをしたことがあるよ」

市原悦子

　つづいて中島監督が心に残る新劇出身の女優としてあげたのは市原悦子だ。

「俳優座出身の悦ちゃんは、岸田さん同様にきめ細やかな芝居ができる貴重な女優なんだけど、もっている個性が岸田さんとは好対照の人でね。岸田さんが妖艶な色気の底流にどこか高貴さを感じさせるのに対して、悦ちゃんの演技には庶民性や生活感がにじみ出ているんだな」

　市原のもつそんな雰囲気や容姿が十分に活かされたのが、『木枯し紋次郎 関わりござんせん』だったと中島監督は言う。

「菅原文ちゃん演じる紋次郎が宿場で出会う年増の酌婦が悦ちゃんの役で、この女が何気なく口ずさんだ端唄から生き別れになっていた紋次郎の姉だとわかるんだけど、悦ちゃんの何気ない仕草や言葉から過酷な人生が浮かび上がり、紋次郎の人間形成のプロセスまでもが見えてくるわけでね」

さらに市原は、『やくざ戦争 日本の首領』で鶴田浩二演じる若頭・辰巳の妻役で出演している。

「悦ちゃんに演じてもらいたかったのは、垢抜けしたやくざの姐さんではなく男と苦労を積み重ねてきた糟糠の妻というイメージだったんだ。僕が意図したとおりの悦ちゃんの演技で、ラストの辰巳の悲劇的な死をぐっと盛り上げることができたんじゃないかな」

『日本の首領』シリーズを従来の血なまぐさい実録映画と一線を画す人間ドラマに仕上げるにあたって、岸田今日子や市原悦子という新劇出身の女優たちの果たした役割は大きかったと中島監督はふりかえっている。

「日本の首領 野望篇」乗馬シーンを撮った下鴨神社参道

22

東映城のお姫様たち

筆者が少年時代に胸を躍らせて見ていた東映時代劇には、可愛くてきれいなお姉さんが必ず登場したものだ。そんな「東映城のお姫様たち」とも言える女優たちについて中島監督に語ってもらうことにした。

「創成期から黄金期につくられた時代劇は男性スター中心の映画ばかりで、脚本でも女性について書き込まれたものがほとんどなかったと思うよ。そのような時代、僕が映画界に入った東映にはトップスターの錦兄イや橋蔵さんの相手役として『三人娘』と呼ばれる若手女優がいたんだ」

その一人で中島監督が「丘ちん」と呼ぶ丘さとみは、東映ニューフェイス第2期生で同期には高倉健がいたと言う。

「丘ちんは三人の中では一番演技面でメリハリがあり、とくに錦兄イとのコンビでたくさんの映画に出ていて、『一心太助』や『森の石松』での相手役を務める中で力をつけていったんじゃないかな」

丘はデビューから引退する1965年までの10年間で150本の映画に出演していたというから驚かされる。

「僕が助監督についていた今井正監督の『武士道残酷物語』で、丘ちんがベテラン俳優・加藤嘉さんとの一対一のシーンで苦労していた時のことが印象に残っているよ。今井監督は撮影現場ではあまり細かい説明をせずに俳優に自由に芝居をさせるタイプの監督なんだけど、丘ちんの演技になかなかOKが出ないまま昼休憩に入ってしまったんだ。丘ちんも泣き出してしまっていたので、そのまま放っておけなくて僕も彼女のリハーサルにつきあったのを憶えているよ。ただこうしてでも粘り強い俳優は伸びる可能性があり、その後、内田吐夢監督の『宮本武蔵』（全5部）なんかでもいい芝居をしていたと思うよ」

中島監督が二人目にあげた大川恵子は、丘さとみの

1年後輩にあたる第3期生で同期には里見浩太朗がいる。

「大川恵子は美人だけど演技はあまり上手くなくてね、しとやかなお姫様役はできるんだけど、チャキチャキとした町娘には不向きで演じる役幅が狭かったかなあ。橋蔵さんとは『大川コンビ』で共演が多くて二人が並んでいると確かにきれいな絵にはなるんだけど……」

丘さとみ

監督としてはあまり演出意欲をかき立てられる女優ではなかった大川恵子だが、こんなエピソードが心に残っていると言う。
「マキノの親父が撮った『神田祭り喧嘩笠』（1960年）で里見浩太朗とのラブシーンがうまくいかなかった時のこと。マキノの親父が大川恵子に耳元で何か囁き、いったんスタジオから抜け出した彼女が戻ってきて撮影再開してまもなくOKが出たんだよ。撮影が終わって『さっき大川恵子にどんな指示を出したんですか？』と親父にたずねると、『パンツを脱いでこい！』って言ったらしい。いやあ、これにはびっくりしたけど、これも女優の恥じらいをもった所作の引き出し方なのかと勉強になったよ。ただしこのパンツ事件が原因かどうかわからないけど、大川恵子は62年に引退してしまってね」
こう言って笑う中島監督に、「三人娘」のもう一人・桜町弘子についてたずねてみた。
「桜町くんは大川恵子と同期生で、田坂具隆監督の

『ちいさこべ』にも出演していて、派手さはないけどチャレンジ精神があって、丘ちんや大川恵子が引退した後も東映に残り、任侠映画にもたくさん出演していたよ。そうそう『続大奥㊙物語』では、嵯峨三智子の降板事件でどうしようかと思っていた時、急遽代役を務めてくれたこともありがたかったね。その後も『日本暗殺秘録』では小池朝雄の奥さん役を演じているし、『日本の首領 完結篇』や『真田幸村の謀略』にも出演していたから、『三人娘』の中では一番長いつき合いだったことになるのかな」

中島監督の話を聞きつつ、三人三様の若き日の風姿を思い浮かべる筆者であった。

名花が絢爛と咲いた東映城（現・映画村）

23

東映育ちのふたりのヨシコ

1960年代半ばに東映時代劇は衰退期を迎えるが、これに並行するかのように若い女優陣の顔ぶれにも徐々に変化が見られたと、中島監督はふりかえっている。

「これまでのようにきれいな絵になるだけではなくて、ドラマの中で重要な役割を果たすには内面性を表現できる演技力や存在感が問われるようになってきたんだね。当然のことながらこれに対応できる女優が重用されるようになり、結果として彼女たちはのちにスター女優に育っていったわけだ」

そんな女優として中島監督がまず名前をあげたのは佐久間良子だ。

「佐久間さんは第4期ニューフェイスとして東映に入ったんだけど、時代劇を量産していた京撮ではなく、東京撮影所で現代劇を中心に育ったことが後々に幸いしたと言えるかも知れないな。とくに僕の師匠である田坂具隆監督の『五番町夕霧楼』や今井正監督の『越後つついし親知らず』などの文芸路線で主演して注目されていったからね」

中島監督が撮ることになったオールスター映画『あゝ同期の桜』では、トップ女優の扱いで佐久間が配役されている。

「田坂監督の『湖の琴』撮影の機会に佐久間さんとは知り合いになっていたんで、夏八木勲演じる特攻隊員の妻の役で彼女に出てもらったんだ。最後の別れに基地へ訪ねてきて赤ん坊を抱いて夫の搭乗機を見送るシーンでは、彼女の力量が発揮されていたと思うなあ」

高校時代にこの映画を見た筆者、幼子をおぶった佐久間のモンペ姿が哀れで、家族を引き裂く戦争への怒りを感じたことをよく憶えている。

同年、『大奥㊙物語』でも中島監督は佐久間を主演の一人に起用した。

「オムニバス第3話のラスト、恋人を殺された怒りを爆発させるシーンで生っぽい女の情念を出すよう佐久間さんに求めたんだ。しかし彼女にはそれに抵抗があって『畜生！』というセリフを小さく言っただけで、しかも後になって『私、あのセリフを言うべきじゃなかった』と言われて気まずくなってね。さらに『続大奥㊙物語』への出演依頼で北海道まで行ったんだが会えなかったこともあって、それ以降、長く絶交状態が

三田佳子（序の舞）

続いたんだ。10年程前、京都映画祭へ佐久間さんが来た時に、彼女も僕とのことを気にしてくれていて、いろいろな行き違いから互いの誤解を生んでいたことがわかり、仲直りできたんだよ」

こう述懐する中島監督は、次に三田佳子について話してくれた。

「三田ちゃんも東京撮影所育ちの女優でね、東西交流で京撮の時代劇にも数本出演していて、僕が助監督についた今井正監督『武士道残酷物語』では錦兄イの恋人役を演じていたのだけど、彼女には若い頃から独特の雰囲気があったなあ。佐久間さんとは対照的な個性かも知れないけど、例えば先に話した子供を抱いた母親役をやると少し違和感があるんだよ。娘が成長して大人の女性となり、やがて子を産んで母親になるという女の生っぽさよりも、一種の非日常性を感じさせるような役をやってもらうと実にいいんだよ。『尼寺㊙物語』での門跡寺院の管主を務める尼僧役なんか不思議な透明感があってピッタリはまっていたね」

そんな三田のもつ特異な感性は、１９８４年に中島

監督が撮った『序の舞』の中でも見事に輝いていたと言う。

「この映画で三田ちゃんには喜代次という京の芸者あがりの女性役で特別出演してもらったんだ。主人公が産んだ私生児を里子に世話するんだけど、『女て、ほんまに損どすなあ』というセリフが三田ちゃんの口から出ると妙に説得力があって、他の女優にはああいった味わいは出せないと思うよ。なにしろ彼女はこの役作りのために実際の祇園の芸妓さんとつき合っていたからね」

二人の女優についての中島監督の話は、人間の個性というものの面白さをあらためて教えてくれた。

「尼寺㊙物語」に使った知恩院男坂

24

東映の看板を背負って
——藤 純子

戦後映画史を俯瞰してみると、観客動員数激減で大手各社が苦境に立っていた1960年代後半から70年代初め、東映だけが任侠映画を軸に活況を呈していたことがわかる。その当時、「男の映画」中心の東映にあって、藤純子（のちの富司純子）の存在は大きなものがあったと中島監督は述懐している。

「もともと京都撮影所の女優陣は層が薄かったところへもってきて、たまたま退社・引退などもあって、一時、若手女優が誰もいないみたいな状況があったんだが、そこへ純子が現れたという感じだったかなあ。俊藤浩滋プロデューサーの娘ということもあったけど、マキノの親父がまだ高校生だった彼女をスカウトして、自身で撮る『八州遊侠伝 男の盃』（1963年）でデビューさせたんだ」

それ以降、たくさんの映画に出ているが、筆者は中学・高校時代に見た『十三人の刺客』、『幕末残酷物語』、『股旅 三人やくざ』など時代劇での藤の姿を記憶している。

「純子は数多くの映画に出演する中で芝居が上手くなっていったんだが、やはりマキノの親父に徹底的に鍛えられて演技力をつけ、いつの間にか幅広い役がこなせる女優に育っていったと言えるかな。僕が撮った『旗本やくざ』や『男の勝負』にも出てもらってなかなかよかったし、脚本を書いた『大阪ど根性物語 どえらい奴』（鈴木則文監督）での純子は当時まだ二十歳前だったけど、藤田まことの女房役を庶民的味わいで演じていたのには感心したね」

その後、中島監督がメガホンをとった『あゝ同期の桜』、『大奥㊙物語』、『尼寺㊙物語』、『日本暗殺秘録』には藤が連続して出演することになる。

「純子はそれぞれに色合いの異なる役どころを見事にこなしていたよ。とくに『大奥㊙物語』で彼女が演じた奥女中おみのは、最初は大奥の非人間的なしきたりに翻弄され傷つくが、それをバネに立ち直り権力欲にめざめていく。また『日本暗殺秘録』では千葉真一演じるテロリストの恋人として登場するんだが、徐々に身を持ち崩していくという姿が描かれているんだ。このように女が変貌していくプロセスを演じると純子はすごく魅力的なんだね。彼女自身もこの役が気に入っていると後に言っていたことがあるよ」

藤　純子（緋牡丹お竜）

こうして人気が出てきた藤を主人公にした女渡世人の映画化企画が、中島監督にもちこまれたのはこの時期のことであったと言う。

「もともと僕にはやくざ世界の美化につながる任侠路線に抵抗感があってね。ましてや女渡世人となると嘘っぽい感じもしたし、旧来の勧善懲悪型時代劇のようなワンパターンに陥りたくなくて断ったんだよ」

この企画が後に藤の代表作のように言われる『緋牡丹博徒』シリーズの始まりで、1968年からの4年間で8本作られたが、中島監督はこれらを含めた任侠映画と一線を画し続けることになる。

「その代わりというのもおかしいけど、俊藤プロデューサーとの約束で純子主演の脚本だけは書くことになったし、また当初は避けていたテレビシリーズでも純子ものに限って『大奥』（1968年）、『大坂城の女』、『徳川おんな絵巻』（1970年）などを続けて監督することになったわけだね」

そんな中、藤は1972年に尾上菊之助（のちの菊五郎）と結婚し映画界を引退する。

「人気絶頂期だったから、純子の引退を惜しがる人もたくさんいたけど、正直言えば僕は彼女の幸せにとっては辞めた方がいいと思っていたかなあ、あのまま女やくざばかりやっていてもねえ。それにしても映画界とは全く違う歌舞伎界で、ましてや大名跡・音羽屋のおかみさん役を純子は立派に務めたと思うよ」

時代劇から任侠ものへの路線転換の時期、女優不在の東映京撮で活躍した10年、藤純子が一輪の花として輝いていたことは間違いないだろう。

「あゝ同期の桜」をロケしたJR山崎駅の踏切

25

大物女優たちの存在感

中島監督が仕事をともにした女優の中には、筆者たち団塊世代にとって女性文芸映画のヒロインのイメージが強い岡田茉莉子や岩下志麻もいた。

「二人とも言うまでもなく松竹のスター俳優としてたくさんの映画に主演していて、当時の東映にはいないタイプの存在感ある女優だったんだけど、実は僕とは早い時期からテレビの仕事でのおつき合いがあったんだ」

1960年代後半から70年代、映画観客動員数激減のもとで松竹は岡田や岩下を主演にしたテレビ映画を企画していた。

「周知だった松竹のプロデューサーから岡田さん主演のテレビの単発ものをつくりたいと頼まれ東京へ撮りに行った時、岡田さんとは親しくなってね。彼女は僕より一つ年上だったから『姉上』と呼ぶと『貞夫ちゃん』と声をかけてくれるとてもさばけた人だったな」

そんな縁のあった岡田茉莉子の出演をとくに乞うことになったのが、『日本の仁義』であったと中島監督はふりかえっている。

「実録アクションではなく人間ドラマとして撮りたかったんで、しっかりした女優を入れたいと思ってね。菅原文太演じる主人公の妻の役をどうしても岡田さんに演じてもらいたくて僕が直接電話をしたんだ。岡田さんは当時の東映京撮にコワイというイメージをもっていて、『いざと言う時には、私を守ってくれる?』と言うものだから、『うん、身体を張って守るから』と答えて京都へ来てもらうことになったんだよ」

このような経過はあったものの岡田のもつ女優としての力量が男のドラマの中でも十分発揮され、これですっかり東映での仕事に馴染んだのか、オールスター作品『赤穂城断絶』では大石りく役で出演し、『制覇』では三船敏郎扮する組長の妻役を演じている。

「これは後の『極道の妻たち』の原形になる話で、

妻であり母である一人の女性として組長夫人を描きたかったんだ。だから例えば岡田さんが台所で煮干しの頭を千切るシーンなど、日常性をうまく表現できたと思うよ」

さらに中島監督は『序の舞』にも岡田を起用している。

「この作品でも岡田さん演じる勢以が実質上の主役だったんだけど、彼女はしたたかさを秘めた普通の母親像を見事に演じてくれたよ。このあたりは同じ松竹の女優として育っていても、岩下志麻さんは岡田さんとは芝居の質が違っていたかなあ」

こうして中島監督の話題は、岩下志麻に移っていった。

「志麻さんともテレビの仕事からのつき合いでね。彼女のマネージャーがわざわざ京都へ来て『是非とも監督を』と乞われて撮ったんだ。志麻さんはやっぱり主役芝居が身についた人だから、あまり普通の女性の日常性を求めると何か違和感があるんだな。逆に非日常性を表現すると存在感がぐんと増してくるというのが彼女の持ち味なんだろうね」

岩下のそんな個性が活かされたのが、『新・極道の妻たち』ではなかっただろうか。

「5年前に作られた『極道の妻たち』を志麻さんで新たにシリーズ化することになったんだけど、女親分というあまり現実味のない素材だけに、僕としてはリアリズムを排除しないと駄目じゃないか

岩下志麻（極道の妻たち）

と考えたんだ。だから志麻さんの芝居にもリアリティーよりも様式化したものを求めたわけだけど、毅然とした迫力が出ていたんじゃないかと思うよ」

その後も中島監督は『極道の妻たち 危険な賭け』、『極道の妻たち 決着』を岩下主演で撮っている。

「正直言えば、この頃になると志麻さんを美しく撮ることが限界にきていてね。そのことは彼女自身もわかってくれていたから、美しい姿で志麻さんを送り出すことを主眼に撮っていたという感じだったかなあ」

ここにも俳優たちの魅力を活かそうとする中島監督の深い思いを読み取ることができた。

「序の舞」をロケした黒谷（金戒光明寺）

名脇役から黄門様へ
――西村　晃

急激な衰退期に向かう日本映画界にあって、中島監督がめざしたのはこれまでの東映時代劇の勧善懲悪パターンからの脱却であった。とりわけ登場人物を正義と悪に二分するのではなく、主人公と対立する側にも論理をもたせることで重層的なドラマツルギーをつくろうとした。

「従来のように『悪』を単純化せず複雑で屈折したキャラクターとして描くには、当然のことながら個性的な脇役俳優が必要になるというわけだね」

中島監督が求めたのは複雑な性格を表現できる演劇畑出身の俳優であり、西村晃はそのような脇役俳優の一人だった。

「晃さんは日大で学生演劇をやっていたところを学徒動員され、戦後は新劇活動の傍ら日活を中心にたくさんの映画に出演していたんだが、僕の助監督時代に今井監督の『武士道残酷物語』など東映作品にも出ていて面白い俳優さんだなあと興味をもっていたんだよ」

筆者は中学生時代に見た『幕末残酷物語』で、冷血の土方歳三役を演じていた西村の爬虫類のような目を今も忘れない。

『くノ一忍法』でデビューした中島監督が、そのヒット後すぐに撮ることになった『くノ一化粧』に西村は忍者役で出演している。

「実は晃さんは『くノ一忍法』にスケジュール都合で出演できず悔しがってくれていてね、晃さんと親しい小沢昭ちゃん（昭一のこと）がそれに出演したことから、『小沢ばかりが好きなことやりやがって』と冗談交じりに言っていたくらいだから、まあ役を楽しんでいるみたいな感じだったよ。例えば晃さんが洞穴へ入るところで歌でも入れようか言うと、急に『呼んでるぜエ～』と即興で歌い出してね。それが面白かったのでその日の撮影を止めてすぐに録音室で晃さんが勝手に歌ったのを楽譜にして録音したこともあったな。こういう映画づくりを面白がるところが僕の呼吸とよく合ったわけだ」

『あゝ同期の桜』では、特攻基地で隊員たちの世話をする補充兵役で西村が出演している。

「晃さん自身が第14期海軍飛行予備学生で、特攻出撃で沖縄方面へ向かったんだが機体不備で基地へ引返し九死に一生を得た体験者だったんだ。その時、飛行機から下りて軍靴を脱ぐと失禁でドボドボになっていたという生々しい経験談を聞かせてもらったこともあったよ。だから映画のラストで特攻機を見送る時の晃さんの表情には演技以上のものを感じたな」

西村晃が舞鶴海兵団以来の特攻時代の友人の一人に、裏千家15代家元であった千玄室がいた。

「二人乗りの九七式艦上攻撃機には積載制限があったんで、大柄な千さんと小柄な晃さんがコンビを組まされていたらしくて、お二人は戦後も親しい間柄だったんだ。いつのことだったか、晃さんに『裏千家へいっぺん行こう』と誘われて一緒したことがあってね、向こうへ行ったら晃さんが『おーい、千!』と言うんでびっくりしたよ。『大宗匠を呼び捨てに出来るのは、まあ世間広しといえどもオレくらいのものだね』と得意気に笑っていた晃さんも忘れられないな」

『あゝ同期の桜』以降も、中島監督が撮ったドキュメンタリー映画でのナレーションを務めたり、『やくざ戦争 日本の首領』、『総長の首』、『人生劇場』でも

西村　晃（水戸黄門）

印象深い脇役を演じていた西村がテレビシリーズ『水戸黄門』で、東野英治郎に代わって二代目黄門役を演じることになる。

「これまで個性的な晃さんの魅力を見てきた僕としては、正直言ってあまり賛成できなかったんだ。『黄門様を始めてからはもうワルをさせてもらえなくなったな』と彼自身が言っていたくらいだから、晃さんの面白い脇役演技があまり見られなくなって残念だったよ」

黄門役を1983年から9年間務めた後、1997年4月に西村晃は74歳で亡くなった。

西村と共に千玄室を訪ねた今日庵

27

「くノ一」を面白くした役者たち

中島監督のデビュー作『くノ一忍法』は、従来の東映時代劇からの大きな転換となった。当初、エロチシズム溢れる艶笑喜劇をめざした中島監督は、これまでの東映の俳優陣とは一味違う個性的俳優をキャスティングすることにした。

「まず以前から付き合いのあった西村晃さんに声をかけたところ、あいにくスケジュールが合わず断念し、次に声をかけたのが昭ちゃんだった」

中島監督が「昭ちゃん」と呼ぶ小沢昭一は、早稲田大学で演劇活動を経て俳優小劇場の舞台に立ちつつ川島雄三監督や今村昌平監督の日活映画に出演していた。

「日本社会の土俗性や人間の裏表をネチョとした感覚で描く今村監督の映画が僕は若い頃から好きだったから、その今村作品の中で見た昭ちゃんの個性的な芝居に興味をもっていたんだよ。彼はこれまで東映時代劇と全く縁がなかったんだけど、出演依頼するとすぐにOKして京都へ来てくれてね」

『くノ一忍法』で主人公のくノ一と敵対する忍者の一人を演じる小沢は、中島監督のねらいどおりだったと言う。

「昭ちゃんはこっちが予想もしていない芝居をするんだ。それも現場で突然思いついたように『こんな感じでやっていいかなあ』と言うものだから、面白いものはどんどん取り入れていったね。この映画を見た今村監督が『東映にちょっと変わった面白い監督が出てきた、今度京都へ行ったら是非会いたい』と言ってくれたことを昭ちゃん経由で聞いて嬉しかったよ。これを契機に今村監督と交友することになって、彼が創設した日本映画学校での講義に何回か東京へも行ったな」

『くノ一忍法』は大ヒットし、すぐに次回作『くノ一化粧』を撮ることになる。

『くノ一忍法』ではまだ中途半端だったから、今度こそもっと思い切った喜劇にしたくて、昭ちゃんや晃さんに出てもらうことにしたら、二人が『ブさんも入れようよ』と言ってきてね」

彼らが「ブさん」と言うのは、加藤武のことだ。加藤は早稲田大学での今村昌平や小沢昭一との演劇仲間で、文学座に属しながらすでに黒澤明の名作数本に出演している俳優だった。

小沢昭一

「そのブさんに声をかけると、『やる、やる、オカマ芝居やらせて！』と面白がって出演してくれてね。彼は黒澤さんの作品をはじめ男っぽい剛毅な印象が強いんだけど、つき合ってみると実にとぼけた面白い人でね。ただ演劇の基礎が出来ているから演技に幅が広くて、僕との仕事を楽しんでくれていたんだろうなあ」

そして『くノ一化粧』では、西村晃、小沢昭一、加藤武だけでなく、今村映画の常連俳優である春川ますみや露口茂も顔を揃えている。

「春川さんには脚本段階で声をかけて出演してもらったんだけど、晃さんとで今村作品『赤い殺意』のパロディ芝居をやってくれたし、彼女には『旗本やくざ』でも同様の垢抜けしない花魁役で出演してもらった。露口さんは『くノ一忍法』での坂崎出羽守役に次いでの連続出演で、一見すると気真面目なタイプなんだけどちょっと不思議なところがあってね。晃さん、昭ちゃん、ブさんたちが個性的な芝居をする中で、彼が二枚目芝居をやればやるほど何やら滑稽な味わいがにじみ出てくるんだね。やっぱりこのあたりにも今村監督が彼を起用していた理由があったんじゃないかなあ」

そんな型にはまらない役者たちの演技に支えられ『くノ一忍法』、『くノ一化粧』で監督デビューを果たしたことは、中島監督にとって若き日の大切な思い出になっているようだ。

「二本のヒット作の褒美の意味もあって製作準備に入っていた次回作『山窩』でも、晃さんを主役にして昭ちゃんや春川さんの出演も決まっていたんだけどなあ……」

会社命令による映画『山窩』の製作中止を今も残念そうに中島監督は語った。

「くノ一忍法」冒頭、炎上シーンで描かれた大坂城

28

惜しまれるクセ者俳優の早逝

『くノ一忍法』、『くノ一化粧』以降も、従来の東映路線に新風を吹き込み続けた中島監督。その映画づくりを支えた個性的な脇役俳優たちについて語る時は話に一層熱が入るようだが、魅力あるクセ者俳優として中島監督はまず小池朝雄の名をあげた。小池朝雄と言えばテレビ『刑事コロンボ』の日本語吹替声優として有名だが、1985年に54歳の若さで亡くなるまでに15本の映画で中島監督と仕事を共にしている。

「小池ちゃんは文学座出身の新劇俳優なんだけど、若い頃から悪役・脇役として日活映画にたくさん出ていてね。実にメリハリのある芝居ができる人で、大声をあげて恫喝したかと思うと、急にヒソヒソと小声でささやいたりするんだ。演じる役柄も善悪にかかわらず強い印象を残していたからね」

中島監督の言葉どおり、『日本暗殺秘録』で理不尽な融資打ち切りに困惑する善良な店主を演じるかと思えば、『現代やくざ 血桜三兄弟』では抗争の火種となる狂暴な鉄砲玉役をやってのける小池の顔が筆者の記憶にもある。

「小池ちゃんが持つ善悪の判断がつけがたい個性は、映画での裏切りのドラマに活かされるんだよ。例えば『木枯し紋次郎』では、紋次郎の兄貴分として登場するんだが、この男の裏切りで紋次郎が罪をかぶり三宅島に流されることになるわけだし……」

小池の多彩な脇役演技は、『日本の首領』シリーズ、『総長の首』、『制覇』などの中島監督作品に見ることができる。また小池との興味あるエピソードを中島監督は語った。

「ある時、小池ちゃんに誘われて大学紛争でバリケード封鎖中の京大構内へ深夜に塀を乗り越えて入ったことがあるんだ。地下の建築学研究室には7、8人の学生たちが野外劇場の模型を作って待っていてね、どうも僕が学生時代にギリシャ悲劇の野外公演をした経験を彼らに聴かせようとしたようなんだ。彼は若い世代との交流のチャンネルも持っていたし、映画や演劇以外のことでも、よく飲んで楽しくしゃべったものだよ」

中島監督がクセ者俳優として次にあげたのは成田三樹夫だ。

成田三樹夫

「成田さんは東大中退という少し変わった経歴をもち、大部屋俳優として大映に入社し敵役で頭角を現してね。1973年には東映作品に出演するようになり、最初に撮ったのが『安藤組外伝 人斬り舎弟』（1974年）だったかなあ」

その後も『実録外伝 大阪電撃作戦』、『沖縄やくざ戦争』や『日本の首領』シリーズ、『日本の仁義』など、中島監督の映画11本に出演しており、クールな風貌を活かしたインテリやくざ役の印象が強い。

「成田さんはどこから仕入れてくるのか一癖も二癖もある人物を演じてくれたし、小池ちゃん同様に裏切り役も秀逸だったよ。最後の仕事になった『序の舞』での画商役など彼でないと出せない厭らしいまでの味わいだったなあ」

そんなニヒルな印象とは異なる成田の素顔についても聞かせてもらった。

「成田さんは美味いものに目がなくて、気に入った料理屋に入れ込んでかなり散財していたんじゃないかなあ。僕の自宅でもしょっちゅう飲んだけど、話題が毎回変わり古代史や俳句など、彼の幅広い知識には驚かされたよ。実は僕の学生時代の友人で俳優座にいた加村赳雄の入院していた病院が、たまたま成田さんの東京の自宅の近くだったんだ。成田さんも加村と顔見知りだったんで、病状などを伝えてくれたことでさらに親密になり、加村が亡くなった時も共通の友人を偲んで二人で飲んだことも忘れないね。その成田さんがまもなく55歳で亡くなり愕然としたなあ」

小池朝雄、成田三樹夫という個性的俳優との公私にわたるエピソードを聞く中で、二人の早逝を惜しむ中島監督の気持があらためて伝わってきた。

深夜に小池と一緒に潜入した京都大学

29

年越しを共にした二人の名脇役

60余年の監督人生をふりかえる中で、個性的な脇役たちについて語る時の中島監督は楽しそうで、聞き手の筆者まで何か嬉しくなってくる。

「主役スターはあまり羽目を外せないところがあるけれど、脇役陣には飲んで話していて楽しい人が多かったような気がするね。とくに彼らの中には、俳優としてだけでなくさまざまな知識や特技を持った人がいたんだが、その代表的な一人がネコさんかな」

中島監督が「ネコさん」と呼ぶ金子信雄は、俳優であると同時に料理研究家としても超一流で、『金子信雄の楽しい夕食』というテレビ番組を持っていたことは広く知れている。

「若い頃のネコさんは文学座所属のまま主として日活の映画で悪役をたくさん演じていたんだ。一方の劇団活動では何しろ戦後まもなくのこと、芝居よりももっぱら食糧調達にあたっていたようで、どうもその時に自分で料理をする面白さにめざめたみたいだね」

やがて日活の映画本数が減り東映京撮の映画にも出演するようになった金子は、山下耕作監督『江戸犯罪帳 黒い爪』（１９６４年）に助監督としてついていた中島監督と知り合うことになる。

「この映画で黒幕の同心役を演じるネコさんを見ていて、面白い芝居をする人だと気づいてたちまち親しくなり、僕の監督3作目の『旗本やくざ』では悪役の米問屋を味のあるワルにしてくれたんだ。ネコさんは与えられた役に興味をもって独自の工夫でふくらませてくれるから、こっちとしてもその演技を拾い上げるのが面白くてね」

その後、『脱獄・広島殺人囚』、『暴動・島根刑務所』、『日本の首領シリーズ』、『真田幸村の謀略』など中島監督の12作品に出演し、つき合いは長く続くことになったと言う。そんな金子との親しい交遊を示す興味あるエピソードを聞くことができた。

殿山泰司

「ある年の大晦日のこと。ネコさんから電話で『いま錦市場でいいフグを見つけたから、あんたの家へ行くので包丁を用意しておいて』と言われてね。まもなく食材を下げてきたネコさん、うちの台所を使って料理をつくり始めたんだ。話によれば、京都での仕事用の住まいで年越しをするつもりが、道路凍結で行けなくなったため、急遽一緒に新年を迎えようと思い立った様子で、しばらくしたらネコさんが誘っていた殿山泰司さんまでが訪ねて来てね。僕は台所で少し手伝っていたけど、殿山さんは黙ってテレビを見ながらネコさんが出す料理を食べるたびに『ウン、旨い！』と言うだけなんだ。ただしこの一言が殿山流の味わい方、褒め方なんだね。いやあ、あの年越しは、作る・食べるの二つの名人芸を間近に見た感じで忘れられないよ」

ここに登場する殿山泰司も言うまでもなく日本映画界屈指の名脇役俳優で、生涯に何と300本の映画に出演したと言うから驚く。

「殿山さんは戦前の新劇舞台から芝居を始め、戦後は新藤兼人監督らと独立プロを創って活躍していたんだけど、個人的につき合うと面白い人で、何かで京撮へ来た時に『オレを使えよ』と突然言われてね。早速、出演してもらったのが『温泉こんにゃく芸者』（1970年）という艶笑喜劇で、小池朝雄や荒木一郎ら面白い連中と一緒に片山津温泉へロケに行った思い出もあるんだ」

『まむしの兄弟 傷害恐喝十八犯』（1972年）、『極道社長』（1975年）にも出演し、1985年の『瀬降り物語』では四万十川源流の滑床川渓谷での長期の合宿撮影にも殿山は参加している。

「この合宿でも殿山さんの無類の食い上手が発揮されてね、何もせずに食べるだけなんだけど、彼の演技と同じで不思議な存在感があったなあ」

中島監督の映画を面白くした名脇役二人、殿山泰司は1989年に73歳で、金子信雄は1995年に71歳で死去、まだまだ味のある芝居を見せてもらえる年齢であったことが惜しまれてならない。

金子信雄が食材を買い求めた錦小路市場

30

オーディションで咲いた同期の桜

『あゝ同期の桜』は東映京都撮影所として初めて取り組んだ本格的な戦争映画で、当初から多くの困難があったようだが、その一つがキャスティング問題であったと中島監督は述懐している。

「当時の東映京撮には主演級のスター俳優はもちろんのこと、脇役陣や大部屋俳優たちの中にも特攻隊員を演じるにふさわしい若い俳優がほとんどいなかったので、主役の松方弘樹と千葉真一以外はオーディションで選ぶ以外になかったんだよ」

東映京都ではこれまでオーディションで配役を決めることはなく、当然ながら中島監督にとっても初めての経験であり、それ以降、長い監督生活でもこの方式を使うことは一度もなかったと言う。

「ただし僕が学生演劇をやっていたことも幸いして、つき合いのあった劇団などに声をかけ推薦してもらって、あちこちへ出向いて面接したんだ。まずあの時代を生きた若者の雰囲気をもっていることを基本条件とし、突っ込んだ芝居を必要とする役には、それぞれに適したキャラクターをもった俳優を選んだわけだね」

このオーディションで重要な役に選ばれた一人が夏八木勲である。

「夏八木君のやった南條少尉は、見せ場の多い難しい役でね。妻子を残して出撃してゆくわけだから、その別れのシーンを情感もって演じられること、さらには一度出撃したがエンジン不調で基地へ帰還してしまったため、生き残った者として苦悩する姿が求められるんだ。夏八木君は野性的な外見だったけど、南條少尉の内面を繊細に演じてくれていたな」

その後、夏八木は時代劇を中心に映画・テレビ界で活躍し、齢を重ねるごとに重厚な円熟味を加えてゆく。

「僕が監督した『激動の１７５０日』、『新・極道の妻たち』、『首領を殺った男』では、やくざ組織のボスを憎々しく演じてくれたよ。小池朝雄や成田三樹夫が亡くなって、悪役ができる大物俳優として彼は僕にとって貴重な存在だったからね」

その夏八木勲も２０１３年に73歳で亡くなってしまった。

夏八木同様、オーディションでの『あゝ同期の桜』出演を契機に世に出た感のある俳優に蟹江敬三がいる。

「蟹江君は劇団青俳にいたんだけど、出会った当初から独特の個性が読み取れたなあ。彼に演じてもらった不破少尉は軍国主義賛美派で勇ましく強がっているんだが、その底辺に軽薄で危うさを感じさせるという役柄なんだ。そのあたりを彼特有の表現力で見せてくれて、後にクセ者役者として活躍する片鱗が見られる俳優だったな」

後年、中島監督の言うクセ者的味わいを如何なく発揮した蟹江敬三は、映画・テレビ界でなくてはならぬ個性派俳優の一人として名を上げたが、２０１４年に69歳の若さで死去する。

そんな蟹江敬三と好対照であったと中島監督が評価する村井国夫もオーディションを経て花開いた一人だ。

「村井君は奇しくも夏八木君と同じ俳優座養成所第15期生で、蟹江君とは逆にクセのない好青年のイメージから選ぶことにしたんだ。彼の演じた学究肌の由井少尉は戦争懐疑派で、基地への空爆で特攻出撃前に戦

夏八木勲

死してしまうんだね。村井君には『あゝ同期の桜』に続いて、同年に撮った『大奥㊙物語』でも清潔な雰囲気を活かして佐久間良子の恋人役をやってもらったし、『日本暗殺秘録』には血盟団に参加する純粋な青年役で出演していたね」

　このように若い俳優たちの登竜門となった『あゝ同期の桜』だったが、「反戦色が強すぎる」という理由から会社の指示で大幅カットを余儀なくされ、あまり語りたくない作品になってしまったと無念そうな中島監督。しかし中島監督が会社圧力から断固として死守した痛切のラストシーンとともに、映像に残る俳優たちの若き日の姿は筆者の胸を今も熱くさせてくれている。

「あゝ同期の桜」ロケハンで訪ねた「雲の墓標」碑（出水市）

31

養成所出てからマル4年

東映時代劇を面白くした悪役俳優を取り上げた中で、千田是也、小沢栄太郎、東野英治郎、三島雅夫ら劇団俳優座の重鎮たちのことに中島監督はふれていた。俳優座は文学座、民芸とともに戦後の新劇運動を牽引してきた劇団で、劇団員の映画出演やニューフェイスを預かり育成するなど、東映とは親密な関係にあったと言う。

「とくに僕の場合、学生時代から東大ギリシャ悲劇研究会の活動を通して俳優座に出入りしていて、幹部では東野英治郎さんと親しくお付き合いさせてもらっていた関係で、何人かの若手俳優とも結構交流があったんだよ」

少年時代の筆者が東映時代劇で見覚えのあった佐藤慶もそんな俳優の一人である。

「俳優座養成所第4期生の慶さんは、僕の学生時代からの顔見知りで、助監督時代にも今井正監督の『武士道残酷物語』や山内鉄也監督の『忍者狩り』(1964年)で仕事を一緒していたんだが、その頃から一癖二癖ある悪役や脇役で存在感が際立っていたね。少し後になって『暴動・島根刑務所』での看守、『日本の仁義』や『日本の首領』シリーズでのやくざ幹部など、クールな風貌を活かした重要な役柄を務めていたし、『序の舞』では絵画の師匠・高木松渓役で見事な絵筆さばきまで見せてくれたりしたよ」

また中島監督が「平幹(ヒラミキ)」と呼ぶ平幹二朗は、時代劇のラスト近くで主人公と対決する凄腕の剣客役などで筆者にも強い印象が残る俳優だった。

「平幹は養成所第5期生で、早い時期から錦兄イや橋蔵さんの作品によく出ていたからね。僕が助監督についていた田坂具隆監督の『親鸞』、『続 親鸞』(1960年)にも僧侶役で出演していて、斬られ役以外でも徐々に大きい役が付き始めていたんだが、彼の場合はすぐにテレビの売れっ子になってしまい、そ

田中邦衛

の後も舞台活動の比重が高かったので映画の仕事を共にする機会はないままだったなあ」

養成所第7期生の田中邦衛も若い頃から中島監督と付き合いのあった俳優だ。

「邦さんは東撮作品を中心に出演していたんだけど、京撮でも時々顔を合わせ話す機会があってね。その頃から口を尖らせてセリフを言うユニークな俳優で、僕が学生演劇をやっていたことも知ってくれていたから、初めて一緒した『木枯し紋次郎 関わりござんせん』でも、こちらの意図することをわかってもらえてありがたかったよ」

その後も『暴動・島根刑務所』、『暴力金脈』、『やくざ戦争 日本の首領』、『総長の首』など、田中は中島監督作品にいくつも出演している。

「邦さんは悪党も善人もできたし、例え小狡いやくざを演じていても人間臭くてどこか憎めないという不思議な個性だったね。性格が素直で彼を悪く言う人はいなくて、彼のような真面目な人がやくざを演じるから却って面白いんだよ。そんな邦さんだったから『北の国から』をあれだけ長く続けられたのだろうね」

彼らとは年齢も近くて気楽なつき合いができたと言う中島監督には、こんなエピソードもあったようだ。

「ある時、撮影所のスタジオの片隅に屯していた慶さんたちが、『養成所出てからマル4年、今じゃ東映の斬られ役、斬ったはったの明け暮れに、斬られた回数が5万回』と当時流行っていた『五万節』の替え歌をやっていたんだ。僕が通りかかったのに気づいた彼らから『おーい、お前も一緒に歌えよ』と誘われたんだけど、確かにその頃は僕も使い走りで、『大学出てからマル4年、今じゃ東映の助監督……』とでも歌いたい気分だったからね」

　こう言って愉快そうに笑う中島監督だったが、やがて人気俳優として大成した三人がみんなすでに鬼籍に入ってしまったことに思い至り、歳月の流れをあらためて感じているように筆者には思えた。

撮影所のスタジオの片隅

32

死と向き合う役者の執念

「東映京都でも徐々に現代劇がやれるようになり、従来の東映色のない俳優をという場合、どうしても演技力のある新劇の連中に僕の目が向いたのかも知れないな」

中島監督が目をとめた俳優の一人に、当時は悠木千帆と名乗っていた若き日の樹木希林がいた。

「彼女を『続大奥㊙物語』に初めて小さな役で使ったんだけど、これがよかったので翌年『尼寺㊙物語』では子供っぽさが抜けきらない尼僧役を演じてもらったんだ。美人系ではない面白いキャラクターをもち、話しているとなかなかのインテリで頭の良さも感じたな」

悠木と同じ文学座出身の岸田森と親しくなったのも彼女とのつながりからだったと、そのいきさつについて中島監督は楽し気に話してくれた。

「ある時、悠木千帆から岸田といっぺん会ってくれないかと言われたんで、木屋町の飲み屋で会うことになってね。三人で飲んでいるうちに『実は私たち夫婦なのよ』と言われて、びっくりさせられたんだよ。それぞれの個性からは二人がとうてい結びつかなかったんだが、並んでいる二人を見ていると不思議に似合いの夫婦に見えたかな。ただし5年後には離婚してしまったけどね」

その後『まむしと青大将』（1975年）でも悠木千帆得意の老け役で起用し、また樹木希林への改名後には『総長の首』でアナーキストたちが屯する浅草のお好み焼き屋の女将役を演じて、作品に強い印象を残してくれたと言う。晩年、全身がんを公表しつつ個性派女優として活躍した樹木の姿には目を見張るものがあったが、2018年9月、惜しまれつつ死去。

一方、岸田森の若き晩年も、中島監督の映画人生にとって忘れ難い思い出を残すことになる。

「森ちゃんは最初に会った時の印象のとおり、神経質で何かの拍子にぶち切れる危うさみたいなものをもった俳優でね。『総長の首』では浴槽の中で人を刺す殺し屋役で出て、次には殺される役をということで『制覇』では北陸やくざの組長役を演じてもらうことになったんだけど……」

岸田演じる石川が殺されるシーンを7月初めに撮り終えた後、8月になって彼の体調が悪いという報せが中島監督にもたらされる。

「いくつかのシーンが残っていたが、無理をさせられないので代役を立てることも考えていると、森ちゃんが『どうしてもやりたい！』と言ってきてね。その時に食道がんの病状も聞いたんだけど、彼の意志を尊重して緊急時には京大病院で対応できるよう急遽、琵琶湖を北陸の海に見立てて撮ったんだ。一種異様な緊迫感をもった撮影現場になったし、撮り終えた後、相手役の菅原文ちゃんがフーと大きく息を吐いたのも印象に残っているよ」

撮影後、半年を経ない1982年12月に岸田森は死去、43歳の若さだった。

死と向き合う姿を中島監督の心に深く残した俳優がもう一人いる。奇しくも同じ文学座出身の高橋悦史だ。

「悦ちゃんは若い頃からただの二枚目役者にはない味わいを感じる俳優だったな。『やくざ戦争 日本の首領』で、首領の娘婿の一宮医師役には東映色のない俳優をと考えていたんで悦ちゃんをあてたんだけど、

樹木希林

ファミリーに反発しつつも徐々にその一員になってゆく難役を見事にこなしてくれて、続く『野望篇』、『完結篇』と物語展開上どんどん重要さが増し、彼にとっても手ごたえのある芝居だったんじゃないかなあ」

その後、膵臓がんを公表した闘病中の高橋から、中島監督は何度も手紙を受け取っている。

「必ず快復して監督の映画にまた出たいという言葉が綴られていたので、『是非ともやろう！』としか返事が書けずに辛かったけど、彼はきっと手紙を書くことで自らを鼓舞していたんだと思うなあ」

高橋悦史のそんな思いは叶わず、１９９６年5月に60歳で死去したが、死と向き合う役者の凄まじい執念を感じ取ったとしみじみ語る中島監督だった。

岸田たちと飲みに行った木屋町通

33

チンピラ役で個性を発揮

中島監督が1966年に撮った『893愚連隊』は、京都市中をオールロケーションで活写する画期的な作品であり、若い俳優たちの演じるチンピラがいきいきと描かれていたのがとりわけ印象深い。このチンピラ役で個性を発揮することになった俳優に荒木一郎がいる。

「最初に荒木を見たのはテレビドラマの『バス通り裏』だったかなあ。おおよそ好青年とは程遠いイメージで、不良性感度をもった面白い俳優だと思ったね。荒木母親は文学座ベテラン女優の荒木道子さんだし、荒木自身も文学座に所属していたから、まあ演技力は大丈夫だろうと踏んで『893』に抜擢したんだよ」

荒木が演じたのはチンピラ仲間の一人だが、頭脳派としてペテンで稼ぐ「参謀」役で、武力派の他の連中と一味違う雰囲気を醸し出していた。

「演技面で言えば、彼には『荒木の間』とでも名付けたくなるような独特の間があってね、これがシーンに絶妙のアンサンブルをつくり出すんだな。映画を撮り終えた直後に歌手としてデビューした荒木が、その年末にレコード大賞新人賞をとったと聞いて驚いたよ」

ギターを弾きながら『空に星があるように』を物憂げに歌う荒木の姿を、当時高校生の筆者もよく憶えている。

「荒木は人見知りが激しく、人づき合いが下手でね。それが高じたのかひどい閉所恐怖症みたいになってホテルは嫌だと言うので、京都での撮影期間中は僕の自宅へ泊まっていたんだよ。まあそんな一宿一飯の義理があったからか僕には心を開いてくれて、その後も数本の映画に出ているんだ」

その一本、『現代やくざ 血桜三兄弟』に出演した時の荒木の思い出を中島監督は懐かしそうに語った。

「モグラという頼りなげなチンピラ役の荒木と渡瀬

恒さんがからむシーンを岐阜でロケした時、自分たちだけでリハーサルしたいと言ってきたので、二人に任せておいたんだよ。互いにつっぱっているようでいて妙にウマがあったのか、のちに恒さんが『荒木はオレの演技の先生だ』と言っていたほどでね」

中島監督が荒木同様に『８９３』のチンピラ役に抜擢したのが近藤正臣だ。

荒木一郎

「近藤の場合は、僕の尊敬する今村昌平監督の『人類学入門』に出演していたのを見てチンピラ役に使おうと思ったんだが、彼は僕がよく行っていた木屋町の飲み屋の息子だったこともあったからかも知れないな。彼なら京都の若者の雰囲気を身体で知っているだろうと思えたからね」

近藤はチンピラ仲間の中で「女たらし」の大隅という役だったが、後半であっさりと仲間を裏切る現代若者の一つのタイプを演じていた。

「この映画のアフレコ（セリフの後録り）で徹夜作業になり夜明けが近づいた時、近藤が何かソワソワし出してね。わけを聞くと、『僕、今日新婚旅行ですねん、行けますやろか』とのこと。結婚式は挙げたものの旅行は撮影のために延期していたらしいが、彼も若くて純情だったんだなあと思うよ」

もう一人、チンピラ役で数本の中島作品に出演している俳優として火野正平の名があがった。

「子役出身の正平はいいものをもっており、僕の撮った映画でいつも面白い芝居を見せてくれたよ。『や

くざ戦争 日本の首領』では彼の演じるチンピラがあちこち飛び回ることで、ドラマの舞台を移動させる狂言回しの役割を果たしてくれたし、『真田幸村の謀略』で演じた十勇士の一人・穴山小助も彼らしいチンピラ風芝居だったな。『極道の妻たち 危険な賭け』での殺し屋役は、少ないセリフでも個性的な顔を活かして確実に印象を残していたしね」

これらチンピラに力点を置くわけをたずねると、

「若い頃は僕自身も映画界のチンピラみたいなもので、彼らに共感していたからだよ」と笑う中島監督だが、巨匠となった今も「チンピラ精神」を忘れないのが若さの秘訣なのではないかと筆者には思えた。

京都の町を駆けまわる「893」のチンピラたち

34

ピラニアと呼ばれた男たち（その1）

自らを映画界のチンピラと位置付けていた若き日の中島監督。さまざまな権威への反骨精神は中島映画の魅力の一つとなって作品の隅々に息づいており、この姿勢が若い俳優たちをして中島監督のもとに集わせることにつながったように筆者には思えてならない。その典型の一つが「ピラニア軍団」と呼ばれた俳優たちだ。

「もともと東映には通行人などキャストにクレジットされない大部屋俳優がたくさんいたんだ。その中で時代劇や任侠ものの斬られ役、やくざ映画の殺され役で出演していた俳優たちは当然ながら外見的に強面の猛者が多く、少々酒癖が悪いこともあって会社からは嫌われていたんだけど、苦労人が多く人一倍『映画好き、芝居好き』だったし、彼らの持つ焦りや背伸びが僕には決して不快なものではなかったんだ。そして何よりも、日本映画の衰退期という苦しい時代に育って一緒に撮影所でやってきた連中を見ていると、余所から連れてこなくても彼らで十分務められる役として使うべきだと思っていたよ」

中島監督がこう述懐する背景には、１９７０年代に入り時代劇・任侠映画の勧善懲悪主義が後退し、作品的にも徐々に不良性感度が受け入れられる時代変化があったようだ。

「いつ頃から『ピラニア』という名前がついたのかは定かでないんだけど、彼らがなぜか僕の家へしょっちゅう飲みに来るようになっていてね。親しくしていた渡瀬恒さんとも連れ立って、次々と新しいメンバーが加わり、気がついたら恰好のたまり場にされていたのかな。夜更けまで騒いだり徹夜で論じ合ったりしたもので、室田日出男に至っては『ここはちょっと手狭だから、建増ししたら』とまで言い出してね。ある時、いつものように僕の家で彼らと飲んでいるところへ、友人の倉本聰がたまたま来たので、『こいつらをテレビで使ってくれよ』と言ったら、ちょうど倉本が脚本を書いていたドラマ『前略おふくろ様』のレギュラーに室田と川谷拓三を入れてくれたんだ」

　このドラマには、室田、川谷以外にも志賀勝、野口貴史、高月忠、岩尾正隆らも顔を出しており、従来のテレビ俳優にはない独特の個性を発揮して一躍注目されることになり、大阪の御堂会館で「ピラニア軍団結成式」まで行われた。

室田日出男

「そんな経過があったものだから、なぜか僕がピラニア軍団の村長に、倉本は江戸家老に祭り上げられてしまってね。僕は『こんなグループは早く潰れた方がいい！』と言っていたんだけど、その真意としては彼らみんなが一日でも早くそれぞれ一人前の役者になってくれたらと願っていたんだよ」

　こう言って愉快そうに笑う中島監督だが、作品の配役一覧を見ると彼らを重視していたことがよくわかる。

「ちょうどその頃、会社都合から短期間で撮ることになった『狂った野獣』では、キャスティングにじっくり日数をかけられないこともあって、身近な俳優を配役しようとピラニアの連中を本格的に起用したんだ。主役の渡瀬恒さんが彼らと飲み仲間であったこともあって、バスジャッカー役で川谷拓三と片桐竜次、乗客役で野口貴史と志賀勝、府警指揮官役で岩尾正隆、新聞記者役で司裕介、他にも松本泰郎、畑中伶一、笹木俊志らが出ているし、白バイ警官役を室田日出男が嬉々として演じているんだよ。みんなそれぞれに水を得た魚のようにいきいきと動いてくれて、僕としても忘れられない作品の一本になったね」

一時は20人を数えたピラニア軍団総出演による映画『ダボシャツの天』(山下耕作監督・1977年)も作られ、彼らが個々の俳優として活躍するようになったが、80年代に入り映画製作本数が激減する中で、ピラニア軍団は自然消滅してゆく。

しかしそんな男たち一人一人の風貌は、中島監督の脳裏に鮮やかに焼き付いているのだろう。

室田たちが飲みに来た嵯峨新宮町(旧中島邸付近)

35

ピラニアと呼ばれた男たち（その2）

「1970年代初めは、僕が30代から40代にかけて若さにものを言わせて年間に4、5本も撮っていた時期であり、しかも東映としても任侠ものから実録ものへの路線転換期にあたっていたので、ピラニアの連中が活躍できる条件があったんだろうな」

こうふりかえる中島監督に、スター俳優たちとは少々異なる彼らとの交流エピソードを聞かせてもらうことにした。

「かつてピラニアの中心メンバーは鶴さん（鶴田浩二）の取り巻き連中だったんで、僕と鶴さんとが口も利かない状態だった頃は、彼らも僕のことを『生意気な奴』くらいにしか思っていなかったんじゃないかなあ。彼らが徐々に鶴さんから離れていったことで、僕とのつき合いが変わったのかも知れないね」

まず中島監督が「拓ボン」と呼ぶ川谷拓三の話題から始まった。

「拓ボンは以前からユニークで面白いなと思っていたんだが、何と言っても強い印象をもったのは『現代やくざ 血桜三兄弟』のアクションシーンで、彼が火だるまになってキャメラの前を走りプールへ飛び込んでくれたことだ。頭髪の一部は焦げてしまっていたけど、何でもよいから目立つ役をつかみたいという彼の役者根性に感心させられたよ」

当時の中島監督は京都撮影所でしか撮れないアクションづくりをめざし、これに応えて危険なシーンを演じられる俳優を求めていたが、それだけでなく川谷の演技にキラリと光るものを感じたエピソードもあると言う。

「『木枯し紋次郎』の撮影時、紋次郎に斬られた拓ボンが、少しでも画面に残りたいと思ったのか異様なまでに悲し気な表情でキャメラに向って突っ込んできたんだ。こういう場合は編集時にカットするのだが、拓ボンのこの姿はカットするに忍びず、一人の死にゆく男の悲しみとして映像に残したんだ」

その川谷とのコンビで画面に強い印象を刻んだ俳優が室田日出男だ。

「室田は第4期ニューフェイスとしてデビューしたんだけど、会社とのトラブルで契約解除され大部屋俳優として再スタートしたという変わり種でね。1974年に撮った『ジーンズブルース 明日なき無頼派』、『脱獄・広島殺人囚』、翌年の『極道社長』など、拓ボンとのコンビで主役に絡ませると、二人の対照的な個性がお互いを引き立てるのか、面白い味わいが出たんだな」

『沖縄やくざ戦争』での室田も画面に強烈な印象を残している。

「この作品ではやくざ抗争の激しさを描きたくて、室田への凄惨なリンチシーンをはじめ過激なアクションを入れていたんだが、スタントマンが火傷で入院したり事故が続出して少し参ってしまってね。『こんなしょぼくれ返っている監督は初めて見たよ』と、室田に慰められたことが何故か心に残っているよ」

ピラニアとして名をあげた俳優の一人・志賀勝は、東映時代劇全盛期に活躍した脇役俳優の加賀邦男の息子だ。

「加賀さんはとても生真面目な人でね。ある時、『うちの息子が日頃は大変お世話になりまして』と丁寧に挨拶されたんだが、すぐにそれが志賀のことだと結びつかなくてねえ。志賀は強面を崩した笑顔に愛嬌が

川谷拓三

あって幅の広い役者だったし、歌が上手くて感心させられたものだよ」

また『日本暗殺秘録』以来、古くからつき合いのある野口貴史は、30本以上の中島作品に出演している。

「『瀬降り物語』の合宿撮影では、ノンちゃん（野口のこと）が助監督兼炊事担当を務めただけでなく、僕にとっては初顔合わせだった萩原健一と上手に付き合ってくれたことがありがたかったよ。最新作『多十郎殉愛記』にも顔を出してくれていたんだけど……」

その野口は2020年に81歳で死去。これに先立って川谷拓三、室田日出男、志賀勝たちがこの近年に相次いで亡くなっており、中島監督はかけがえのない「映画仲間」をまた一人失うことになった。

ピラニア出演の「狂った野獣」バスジャックシーン

36

斬られ役に美学あり

東映京都撮影所には、時代劇の華である立ち回りを盛り上げるため、熟練の斬られ役俳優がいる。ピラニア軍団と同様にキャストにクレジットされていなくても、映画づくりには欠かせない存在だ。

「立ち回りでは斬るよりも斬られる方がはるかに難しくて、上手く斬られることで斬る側が引き立つわけだからね。時代劇全盛期の東映には、千恵蔵・右太衛門両御大、大友さん、錦兄イ、橋蔵さんというスターたちそれぞれに呼吸の合った専属的な斬られ役が何人もいて、『からみ』の巧い俳優の出番調整も助監督の重要な仕事だったんだよ」

中島監督は当時をふりかえりつつ、殺陣技術集団「東映剣会《つるぎ》」について語った。

「僕が入社する以前、1952年に殺陣師の足立伶二郎さんを中心に結成された『剣会』は、言うならば斬られ方の技術を研鑽するための集まりで、最盛期には100名以上の会員がいたんだ。チャンバラトリオのドンちゃん（山根伸介）たちは、もともと錦兄イお気に入りの斬られ役だったんだけど、お笑い系に転身してその技術を活かしたわけだな。ピラニアの中の何人かも『剣会』で殺陣を磨いていたんだ」

しかし時代劇の製作本数が激減する中で、彼らの殺陣技術の見せ場がどんどん少なくなっていったことを残念に思う中島監督だ。

「僕の撮った映画では同年齢の殺陣師・上野隆三との仕事が多かったんだが、彼も2020年に亡くなってしまい、現在の会員は15名になっているけど、殺陣師の清家三彦会長を中心にがんばっているんだよ」

2021年10月に「剣会」創立70周年の記念公演を行っており、清家会長と中島監督との特別対談ではその歴史や役割が語られていて興味深かった。

トム・クルーズ主演のハリウッド映画『ラストサムライ』（2003年）に出演し一躍脚光を浴びた福本

清三も「剣会」メンバーの一人であり、中島監督の作品に多数出演している。

「彼とは若い頃からのつき合いで福ボンと呼んでいたんだが、ピラニアの連中と少し違って彼はどちらかと言えば団体行動が苦手で、いつも一人で斬られ方を工夫していた印象が強いよ。殺陣師の言うことを素直に聞き真面目な仕事ぶりだったから、他の監督たちも高く評価し徐々に注目されるようになったと言えるかな」

福本清三

のけぞって倒れる斬られ方も福本が考案したものとして有名になったが、キャメラに自分の顔を少しでも残しておきたいと言う役者根性のあらわれだったのかも知れない。

「しかし撮る側から言えば、斬った後の主役へキャメラを移してゆきたいので、斬られてからの姿はほとんどの場合カットせざるを得ないんだ。正直に言えば、僕は福ボンの特徴ある斬られ方よりも、むしろあの風貌からくる不気味さが十分に活かされる使い方を考えていたような気がするよ。例えば『やくざ戦争 日本の首領』で調理場へすっと入ってくる殺し屋など、見る者をゾッとさせる雰囲気をもっていたからね」

そんな斬られ役一筋の大部屋俳優を主人公とする映画が、福本主演で企画されることになる。それが『太秦ライムライト』（落合賢監督・2014年）だ。

「最初、この脚本を読んだ福ボンは『自分に果たして主役が務まるのか』と思い悩んだ末に、僕のところへ相談に来たから、『いつものとおりの福ボンのままでやればいいんだよ』と言ったんだ。その言葉が少しは励ましになったのか、彼は見事に主役芝居をやり切ったと思うなあ」

この映画に監督役で特別出演した中島監督の「用意、スタート！」という掛け声が、そのまま福本への激励の言葉になっているように筆者には感じられる。『多十郎殉愛記』では、僧侶に身をやつした刺客役で仕込み杖を振るう福本の姿が見られるが、それから間もない２０２１年１月、福本清三は77歳で死去。ここにも「映画好き、チャンバラ好き」を貫いた一人の俳優人生を見る思いがした。

福本たちが剣技を磨いた「東映剣会」の道場

37

マキノ家の人々

中島監督が映画人生をふりかえる時、師匠の一人・マキノ雅弘監督との出会いが重要な意味をもっていたこともあり、マキノ監督所縁の俳優たちとのエピソードを聞かせてもらう中で、京都映画史の礎を築いたマキノ家について考えてみたい。

「マキノの親父から折にふれ聞かされた話によると、牧野省三に始まる京都での映画づくりはマキノの『家業』であったことがよくわかるんだ。破産や火災などの苦難がつきまとっていたのだろうけど、省三を尊敬し『家業』を引き継いだマキノの親父の活動屋魂に直接触れる機会を得たことを幸運だったと思っているよ」

マキノの話になるといつにも増して熱が入る中島監督だが、京都映画史を跡づけマキノの顕彰事業にこれまで尽力してきたことの意義をあらためて思った。

「牧野省三の四女、つまりマキノの親父の姉であった女優・マキノ智子の長男がアキオちゃんと呼んで親しくつき合っていた長門裕之（本名：晃夫）で、二男が津川雅彦なんだ」

長門、津川の父は歌舞伎から映画俳優になった沢村国太郎、彼の妹に沢村貞子、弟に加東大介がいることから、俳優一家と言っても間違いなかろう。

「ただしそれぞれが役者としてはわが道をゆくみたいな感じだったことも面白いね。アキオちゃんは子役時代からマキノ雅弘の甥っ子と言われて世に出たこともあって、僕のことを叔父の近しい弟子として見てくれていたんじゃないかな。マキノの顕彰事業へは晩年まで顔を出して協力してくれたし、僕とは同い年だったから気安いつき合いができたのかな」

中島監督がメガホンをとった『男の勝負』には、長門と南田洋子が夫婦揃って出演している。

「これはもともとマキノの親父が撮る予定の映画でね。親父の体調が悪くて少し手伝っていたんだが、結局そのまま僕が監督をすることになり、新米監督の映画なのにセミオールスターになったんだよ」

その後、長門はテレビの仕事で中島監督の作品に出ていたが、久しぶりに『女帝 春日局』では老獪な本多正信役を演じた。

「南田さんも『日本の仁義』に鶴さんの妻役で出演してもらい、さらに『極道の妻たち 危険な賭け』にも声をかけたら、『お前にそんなもん出来ひんぞと、長門に言われたんですけど』と言いながら久しぶりに出演してくれてね。しっかり者の南田さんを頼りにしていたアキオちゃんだけど、僕から見ても二人は良い夫婦だったなあ」

晩年、認知症を患った南田を介護する長門であったが、夫妻は相次いで亡くなっている。

長門裕之

「僕が1968年に撮った『尼寺㊙物語』には、津川さんや沢村貞子さんも出てくれていたんだけど、やっぱりマキノ家の人としての親近感をもって接した憶えがあるよ。アキオちゃんと津川さんは性格が異なっていて、あんまり仲の良い兄弟とは言えなかったが、アキオちゃんが亡くなった後は津川さんが代わってマキノ顕彰事業に協力してくれるようになり、『兄貴が亡くなる少し前には良い関係に戻れました』と僕に嬉しそうに言っていたな」
津川は3本の映画をマキノ雅彦という名で監督しているが、マキノの「家業」の継承という意識がどこかにあったのかも知れない。その津川も2018年に死去。

「マキノの親父の50歳の時の娘・佐代子が、僕のすすめもあって『総長の首』で女優としてデビューし、翌年の『さらばわが友 実録大物死刑囚』にも出演しているんだ。彼女もマキノのDNAが受け継がれているのか良い感性をもっているみたいだね。これ以降も何本か他社作品にも出ているし、今後のマキノ顕彰事業には顔を出してくれって言っているんだよ」

映画文化には時代変化に応じた新しい萌芽が見られる一方で、深く流れ続ける水脈があることをマキノ家の歴史は教えているのではないだろうか。

北野天満宮東側のマキノ家土蔵跡

38

ふたりの阪妻二世

京都から始まった日本映画史を語る上で、牧野省三に見出され一躍スターとなった阪東妻三郎を忘れるわけにゆかない。とりわけスピード感あふれる殺陣で「剣戟王」と呼ばれ時代劇ファンを唸らせた阪妻であったが、惜しいことに１９５３年に51歳の若さで急逝した。当然のことながら直接その謦咳に触れることがなかった中島監督だが、阪妻の面影を残す二人の二世俳優とのつき合いを通して、阪妻について考える機会を得たと言う。

「阪妻の長男・田村高廣さんとは、僕が助監督として付いた『忍者狩り』（山内鉄也監督）で一緒に仕事をしているんだ。この頃の高廣さんはまだスマートな青年俳優のイメージが強くて、とても阪妻二世としてその面影を偲ばせるものは感じなかったなあ」

田村高廣は同志社大学を卒業後、貿易会社に勤め映画界とは無縁の堅実なサラリーマン生活をしていたが、阪妻の急逝に伴い、松竹へ入社し木下恵介監督の作品など現代劇に多数出演している。

「後になって高廣さんから聞いた話では、幼い頃から一般家庭の父子の関係がほとんどなくて、父・阪妻の姿を身近に見て育った中で『虚名』としての映画スターというものに批判的だったみたいだね。彼は自分から映画界に入る意思はあまりなかったくらいだから、ましてや父・阪妻風の芝居をするつもりはなかったんじゃないかな」

１９６３年に松竹を退社、フリーとなって東映映画にも出演するようになった頃の1本が先述の『忍者狩り』になるわけだ。その後、中島監督との仕事は主にテレビ映画に移り、『大奥』の「絵島生島」や『大坂城の女』などに出演している。そんな田村高廣との縁が深まったのは、中島監督が総合プロデューサーを務めた第3回京都映画祭（２００１年）の時であった。

「その年は阪妻生誕１００年にあたるところから

田村高廣

『阪妻映画祭』として大々的に取り上げたので、高廣さんは『父親のことを顕彰してもらってありがたい』と言って協力を惜しまず、一週間ほど京都に泊まってあちこち一緒してくれて、食事をしたりあれこれ話をしてすっかり親しくなったんだ。そのイベントのトークショーで、高廣さんが彼自身の役者経験を経て父・阪妻への畏敬の気持が強くなり、俳優としての偉大さを評価できるようになったと語ってくれたことが印象的だったね」

中島監督は剣戟スターとしての阪妻よりも『無法松の一生』や『王将』で見せた人情芝居に心魅かれていると言うが、晩年の田村高廣の滋味溢れる演技にそんな阪妻の面影を見出していたとも言えよう。

「高廣さんは筆まめな人で分厚い手紙をもらったりもしたけど、細かい心配りのできる人だったよ。きっとサラリーマンを経験して社会人としての常識をわきまえていたのだろうね」

阪妻の三男・田村正和は高廣と年齢が一まわり以上離れていて、兄と同じ松竹映画でデビューした時には映画界がすでに衰退期に入っていた。

「正和さんは早い時期にテレビ出演を主にしたのが、映画スターになり切れないことにつながったんじゃないかと思うよ。僕も『眠狂四郎』など彼のテレビ映画を何本か撮っているんだけど、どうしても芝居がテレビ向きになっていて、彼のネチョとした演技が僕はあまり好きじゃなかったな。それでもちょっとした動きに阪妻を偲ばせる瞬間があって、例えば眠狂四郎が人を斬った後に見せる『残心』なんかに正和さんは父親を意識していたのかも知れないね」

田村高廣が阪妻の風貌を髣髴させるのに比べて田村正和にはあまり感じないし、同じ兄弟でも芝居の質や個性も大きく違っていたと中島監督はふりかえっている。

「正和さんは撮影現場では一人で横になっていることが多く、キャストやスタッフとの交流もほとんどなかったから、アンサンブルがとりにくい人だったね」

田村高廣は2006年に、田村正和は2021年に死去、享年は兄弟とも同じ77であった。

田村家の墓がある二尊院の総門

「大島組」の奇才たち

中島監督が映画界に入って間もない1960年代初めに登場した「松竹ヌーベル・ヴァーグ」。まずはその旗手と呼ばれた監督たちをめぐる話題から語り始めてもらった。

「大船調と呼ばれる旧来の松竹映画の枠に飽き足らなかった若手たちが新しい映画づくりの運動を起こしたわけだが、やはりこれも観客動員数減少という現状に対する危機感のあらわれだったと思うよ。篠田正浩監督とは彼の『三味線とオートバイ』（1961年）が面白かったので僕が批評したことから接点が出来たんだけど、大島渚監督とは若い頃ほとんどつき合いがなかったんだが……」

大島渚が京都大学で学生運動をリードする一方、劇団「創造座」を立ち上げたという点で、東大ギリシャ悲劇研究会に携わった中島監督との間には目に見えない縁があったのかも知れない。

「大島監督は松竹を1961年に退社した後、翌年に東映で『天草四郎時貞』を撮っているんだが、映像技術を軽視した暗い画面で彼の語ろうとした政治性が観念的なものに終始してしまっていたかな。若い頃はあちこちで論争をしまくった彼も晩年はだんだん円みが加わったみたいでね。僕も何度か話す機会があり、とくに第40回京都映画祭（1999年）で牧野省三賞を授与されて涙を流していた姿が心に残っているよ」

大島監督が独立プロ「創造社」を設立した時、これに参加して以降、大島作品に連続して出演していた俳優たちがいる。「大島組」とでも呼ぶべき個性的な常連俳優は、中島監督の作品にも起用され映画を面白くする上で欠かせない存在だったと言う。

「彼らも大島監督と行動を共にするだけあって演劇志向が強かったのか、言葉や肉体で表現することの重要性をわかってくれていたので、すっと役に入ってもらえたね」

中島監督がこう評価する俳優の一人・小松方正は大蔵省官僚から俳優になった経歴をもっており、中島監督の初期作品『任侠柔一代』に悪役として出演している。

「小松さんはあんまり『大島組』とは思えない雰囲気なんだけど、例えばやくざを演じていても一人の人間としての性格をきっちり表現できる貴重な役者だったね。なによりも彼がそんな役づくりを面白がってくれるのがありがたかったし、当初は『大島組』を意識していた僕も小松さん自身が必ずしもそう見られるのを好んでいない感じがしたんで、だんだん意識せず一緒に仕事を続けていけたみたいだね」

小松方正

小松はその後も10本以上の中島作品に出演しており、『真田幸村の謀略』では独特の口調を活かしたナレーションも筆者の印象に残っている。

「戸浦六宏さんは、大島監督と京大での同窓生で演劇活動も一緒にやっていた人で、卒業後、高校教師をやめて俳優に転身したという変わり種なんだ。僕が初めて海外ロケで撮った『戦後秘話 宝石略奪』に出演したのを皮切りに彼とは数本一緒しているけど、主役にからんでの裏切り芝居など彼独特の味があったなあ。『暴動・島根刑務所』の看守役や『真田幸村の謀略』で幸村と対立する大野治長役なども忘れ難いね」

テレビ『新選組始末記』で冷酷非情な土方歳三役で戸浦六宏を知ったのは筆者が小学生の時だったが、同様に渡辺文雄もテレビで見知った俳優だ。

「渡辺さんは、東大卒業後に入社した電通から松竹へ出向し俳優になったんだが、あらためて考えると『大島組』の俳優はみんな経歴に特徴があるみたいだなぁ。彼は赤坂の一流料亭の息子でね、経済的に恵まれていたせいかどこか悠然とした雰囲気があり、『日本の首領』シリーズでもギラギラと個性をむき出しにする東映俳優たちとは一味違って却って目立っていたのかも知れないなぁ」

「大島組」で活躍した俳優としてはすでに取り上げた殿山泰司や佐藤慶も含まれるが、大島渚をはじめ奇才として戦後映画史に足跡を残した彼ら全員が今は故人となっている。

大島、戸浦が共に学んだ京大前風景

40

人気歌手の任侠映画出演

１９６０年代半ばから70年代半ばまでの時期に人気を誇った東映任侠映画だったが、やくざ社会の義理人情をことさらに美化するこの路線に距離をおいていた中島監督が、会社方針から撮ることになった映画が３本ある。奇しくもこの３本に出演している村田英雄、北島三郎についての思い出を話してもらった。

「僕の師匠・マキノの親父は、『次郎長三国志』など浪花節映画をお家芸にしていたんで、そこへ任侠路線が重なって浪曲や演歌出身の歌手がキャスティングされることになったんだと思うよ」

そのマキノ雅弘監督が当初撮る予定であった『男の勝負』が中島監督に委ねられることになったことから、村田や北島との縁ができたと言う。

「この映画には村田さんが主役で北島サブちゃんも準主役で出ていたんだ。二人とも決して演技が上手いとは言えないんだけど、芝居っ気もあって妙に魅力があるんだね」

村田は戦前から少年浪曲師として人気を博し、戦後上京して浪曲活動をしていたところを見出され浪曲歌謡でデビュー、１９６１年「王将」が大ヒットし映画出演も数多くあった。

「村田さんは足の短いところが着流しスタイルによく合っていて、とくに立ち回りでは腰の落とし方が様になっていたよ。ただセリフが調子に乗ってくるとついつい浪花節風になってしまう困った癖があってね、気持よくなられる前にカットするようにしたんだよ」

こう言って笑う中島監督にとって、忘れられない村田に関する思い出があった。

「村田さんから主題歌の歌詞を頼まれて書いたんだが、ダビング時に『ちょっと直していいですか』と言われて了解したら、僕の書いた論理的な部分がガラリと変えられていて文法的に大丈夫かなと思っていると、歌ってみるとそっちの方が断然いいんだよ、とくにサビの言葉の選び方は見事だったね。またある時、一緒に食事をしていて、生のニンニクを齧りながら焼酎をチビチビ飲んだりしてね、おおよそ恰好つけのない良い人だったなあ」

中島監督は同年にもう一本『任侠柔一代』を撮っており、これにも村田、北島が共演している。

北島三郎（兄弟仁義）

「村田さんの場合はマキノ流に手取り足取りしないと難しいところがあったけど、サブちゃんは役者としての勘がよくて、身体の動きもよかったね。気っ風のいい男で、人間として僕は好きだったなあ」

北島三郎は高校を中退して上京し「流し」をしながら歌手をめざし、1962年「なみだ船」がヒットして人気歌手になった。1965年のヒット曲「兄弟仁義」が東映で映画化され、中島監督が撮って村田が共演した『兄弟仁義 関東兄貴分』はシリーズ6作目にあたる。

「同じシリーズでも定型的にしたくなくて、『股旅もの』にしようと佐渡ロケを予定していたんだよ。しかし主役のサブちゃんの日程が全体で1週間しかないことがわかり、新潟のホテルで徹夜でシナリオを直して彼の出番を少なくし、東京から来た彼と翌朝一番の船で佐渡へ渡ったんだ。あいにくの悪天候だったけど、途中で雨が上がりサブちゃんが傘をすぼめてパッと振る動きなんかが、なかなかいいシーンになったよ。ちょうどサブちゃんが一番乗っている時期で、スケジュール上は大変だったけど、勢いがあってとくに目がいい。飯が食べられない貧乏人だからこうなったという雰囲気が出せていたね」

この3本以降、任侠ものを撮ることがなかった中島監督にとって、東映任侠映画史の中の異色作での村田英雄、北島三郎の印象は強かったのかも知れない。

「やっぱり村田さんもサブちゃんも下積みで苦労をしてきたからなのか、あれだけの人気歌手だったけどスターっぽくなくて、人柄がよかったんだろうなぁ」

二人への畏敬の念を込めて中島監督はしみじみと語った。

「兄弟仁義」の舞台となった佐渡（宿根木）

41

貫禄十分の首領芝居──佐分利信（その1）

東映実録やくざ映画の集大成と言われる『やくざ戦争 日本の首領』だが、一方でこれまでの実録ものの枠にとらわれない人間ドラマをめざしたと述懐する中島監督。東映久々のヒット作として同年に続編『日本の首領 野望篇』、さらに翌年に『日本の首領 完結篇』が撮られ、しかもオールスターが顔を合わせた作品だけに、製作過程での興味深いエピソードがたくさんある。このシリーズで主役を務めた佐分利信についての思い出を語ってもらった。

「当初の企画では、佐分利さんが演じた首領・佐倉一誠役を鶴さん（鶴田浩二）が、鶴さんがやった若頭・辰巳役に健さん（高倉健）が構想されていたんだが、健さんが出られないことになりその役が鶴さんに回ったことから、佐分利さんに出演交渉することになったわけだ。もしも健さんが出演していたら、全然違った映画になっていただろうけど、結果的には佐分利さんでよかったと僕は思っているよ」

やくざの抗争を背景にしながらも『ゴッドファーザー』のような家族の物語にしようと意図した中島監督にとって、従来の東映イメージにはない配役が求められていたのかも知れない。

「主人公の佐倉は西日本のやくざ組織を束ねる大親分であると同時に娘二人をもつ一人の父親として思い悩んだりもしているんだ。そんな2つの顔を演じて欲しかったからね」

佐分利信は戦前に日活から映画デビュー後、松竹へ移籍しスター俳優となり、戦後も小津安二郎作品をはじめ多数の映画に出演した名優の一人だ。これまで滋味豊かな紳士役が多かった佐分利とは全く違うイメージの役柄であるため、出演承諾までに時間を要したことは想像できる。まず俊藤浩滋プロデューサーの交渉過程でもいろいろあったようだが、「最終的には監督と会ってから決めたい」ということで、中島監督が東京の佐分利邸へ出向き長時間にわたって話をしたと言う。

「佐分利さんはご自身が10数本の映画で監督を務めているくらいだから、自分の出る作品にはうるさい人で、事前に僕の監督した映画を見たりしていろいろ情報を集めていたようだったね。ただ俳優として貪欲で従来と違った役どころを演ずることについては食指を動かされたみたいだな」

こうして佐分利出演が実現に至るが、東映の俳優たちとは全く色合いの違う大物俳優を主役として撮るにあたって、中島監督にさまざまな苦労があったのも当然のことだろう。

「佐分利さんは脚本を読みこなして調査もしていたんだろうけど、何と言ってもやくざ世界についての知識がないので組織の上下関係や日常のしきたりなど半ば手探り状態だったため、大筋での演出意図は理解してもらっていても、具体的な表現方法になると時々とんでもない提案があったりして、その調整には結構エネルギーが必要だったよ。例えば、首領が自宅に体育館のような部屋をもっていて、そこで鉄アレイを使った鍛錬シーンを入れたいと言ってきたことがあってね。『いやあ、そこまではちょっと……』と説得して、庭で木刀を振るという妥協点を見つけたりしたこともあったよ」

またその一方で佐分利の提案を中島監督が受け入れて映像にしたケースもあったらしい。

佐分利信

「衣装合わせをしている時に、佐分利さんが『首領が着るガウンの背中に般若の面を入れてくれ』と突然言い出してね。彼の中にはやくざの大親分ならこういう服を着るのではないかというイメージがあったんだろうが、却って安っぽくなるんじゃないかと思って躊躇していたんだ。ところが実際にガウンが出来上がってきて佐分利さんが衣装を着てみると、これが意外にいいように思えてきてね。結局、それを撮影に使うことにしたんだけど、やはり独特の雰囲気をもった人だったからなあ」

こうふりかえる中島監督の佐分利信についての思い出話はさらに続くようだった。

「日本の首領」で銃撃シーンを撮った黒谷

貫禄十分の首領芝居
――佐分利信（その2）

『やくざ戦争 日本の首領』が撮られた1977年、当時43歳の中島監督が二まわり以上年長のベテラン俳優で、しかも監督経験もある佐分利信を主役に配した映画づくりでのエピソードに筆者は大いに興味ひかれる。

「僕は29歳で監督デビューしていたから、年長者を演出することには慣れていたんだけど、何しろ佐分利さんはご自分で何本も監督している人だから、これまでにない経験をさせてもらったよ。撮影中もどう動いたら自分がよく映るかが佐分利さんはわかっているので、どうしても自分本位の芝居になりがちなんだ。それが僕の意図と食い違う場合には撮影を中断して説明するんだが、ガンとして聞かないこともあってしばしば議論になってしまったんだ」

とくにドラマのクライマックスとなる若頭役の鶴田浩二とのシーンでは神経を使ったと言う。

「佐分利さんの言うとおりに撮ると鶴さんがかすんでしまうので、僕としてはアンサンブルを重視しようとしたわけだよ。そんな時、鶴さんがこちら側に立ってくれたので助かったんだが、そのために佐分利さんと鶴さんの仲が悪くなってしまってね。そうそう佐分利さんには『手芝居』の癖があって、これが頻出すると主人公が小者に見えてしまうので気になっていたんだ。ただナマで見ていたら臭い芝居が映像ではよく見えるという面でも佐分利さんは不思議な役者だったね」

さらにもう一つ、ラストシーンをめぐる思い出を中島監督は鮮明な記憶とともに語ってくれた。

「鶴さん演じる若頭・辰巳が死んだ病室で朝を迎え、佐分利さんがブラインドを開けるシーンで、僕は自然光で夜明けを撮ろうとしたんだよ。でも佐分利さんは自分の連続する動きとしてスタジオ撮影で終わらせたかったので意見が分かれてね。結局、僕の主張どおり大阪のビルの屋上に病室のセットを組んで窓越しの夜明けを撮ることに納得した佐分利さんは、朝4時に文句も言わずに大阪まで来てくれたんだ」

一作目のヒットもあって手応えを感じた佐分利はつづく『野望篇』、『完結篇』にも出演、徐々にやくざの大親分役が板についてきたと中島監督がふりかえる。

佐分利信（日本の首領）

「一作目の経験もあって、『野望篇』以降はシナリオ段階で佐分利邸へ行って脚本に納得してもらえるまで十分話し合っておいたよ。また撮影に入ってからも演出上の問題で食い違いが起こりそうに思えた時は、撮影現場でもめるのは嫌なので事前にホテルで食事をしながらしゃべって、世間話を交えて意見調整をしておくようにしていたね。『完結篇』になると佐分利さんが完全にやくざ芝居になっていて、『やっぱり佐分利さんは凄い役者だな』と感心してしまったな」

最後に中島監督は、貫禄十分で独特の存在感をもつ名優・佐分利信のイメージとは大きなギャップがあるエピソードを語ってくれた。

「初めて仕事で一緒することになり、『佐分利さんってどんな人?』と西村晃さんたち親しい人に聞いていたところ、注意するように言われたことがあってね。彼は撮影現場に自分のタバコを持ってこないで、小道具として置いてあるタバコを吸ったり、撮影に使う食べ物なんかも食べてしまうと言うんだよ。松竹時代にはある映画のクランクアップの日に、下駄を履いて来て撮影で使った上等の靴を履いて帰ったことがあったらしい。ホントかなあと思っていると、しょっちゅう僕のタバコを『ちょっと一本』と吸ったし、ある時、撮影用の衣裳をそのまま着て帰ってしまったんだ。どうもその衣裳での撮影がすべて終了したと思っていたみたいで、『それはまだ使いますから』と言うことがあってね」

楽し気に笑う中島監督だが、こんなところをも人間臭い面白味ととらえ、俳優の魅力として映画の中で引き出せるのは、何よりも映画監督・中島貞夫の人間力なのだろうとあらためて感じ入った筆者であった。

佐分利信が組長を演じた「日本の首領」

43

大物俳優の意外な素顔
——丹波哲郎

丹波哲郎という俳優名に一種の重みを感じるのは筆者たち団塊世代だけではないだろう。その生涯で300本以上の映画に出演した丹波の俳優としてまた人間としての魅力について中島監督に聞かせてもらおうと思う。

「丹波さんとは『戦後秘話 宝石略奪』など早い時期から何本も一緒に仕事をしていて、確かにその存在感は大きいものがあったね。主演ではなくてタイトルクレジットのトメ（最後）に彼の名が出てくるだけで、映画に重みが加わるという感じだったかな」

丹波哲郎の俳優歴は新東宝から始まり、テレビで人気を得て各社の映画に出演するようになり、東映では東京撮影所のギャング映画に数多く出演している。また筆者が学生時代に見ていた何本かの外国映画に顔を出す国際俳優でもあった。

「丹波さんは役柄同様に一見して豪快な人だったんだが、それでいて非常にナーバスな一面ももっていることに感心させられたことがあってね」

こう前置きをして中島監督が語ったのは、『総長の首』を撮った時のエピソードだった。

「丹波さんは辻占師役で特別出演することになって、一日だけの撮影のためにわざわざ京都へ来てくれたので、『高いギャラは出せないけど、せめて丹波さんがいつも麻雀で負けている分くらいは渡さんといかんね』と俊藤プロデューサーと相談して僕がお礼として持っていったんだ。そうしたら丹波さんが『わしはそんなつもりで出たんじゃない、友情出演なんだからこんな金は一銭も受け取るわけにはいかん！』と涙を流して固辞したんだよ。これにはこっちが深く感じ入ってしまい、申し訳ないことをしたなと反省させられたね」

同年に中島監督が撮った『真田幸村の謀略』では、丹波のまた異なる一面を見ることになったと言う。

「この映画で丹波さんには加藤清正役をやってもらったんだが、清正が熊本城に虎を飼っているという設定で虎に肉を食べさせるシーンを撮ることになってね。丹波さんは『虎なんか、わしが一睨みしたらシュンとなるんだ』と豪語して、自分の手から直接食べさせようと言い出したんだ。結局は鉄扇に乗せて食べさせることにしたんだけど、肉を差し出した途端にガバッと虎が喰いついたもんだから、丹波さんがヒャーと身を縮めてしまって、それから後はもうへっぴり腰になってね。翌日、丹波さんが『虎のおかげで昨夜は麻雀で大負けしてしまったぞ、監督！　弁償してくれよ』と半ば本気みたいに言うもんだから笑ってしまったよ」

丹波哲郎

しかも翌日は共演シーンのある家康役の萬屋錦之介がこれに加わった。

「前日の丹波さんと虎との話を聞き込んだ錦兄イは面白がって、これをネタに丹波さんをからかうものだから丹波さんはすっかり面目をなくした格好でね。以前から丹波さんは錦兄イに対しては弱いところがあったんだけど、益々頭が上がらなくなったみたいだったよ」

日頃の丹波の豪快なイメージとは落差があるエピソードだが、中島監督はこのあたりに丹波の人間としての面白みと愛すべき魅力を感じたと述懐している。また丹波との思い出で欠かせないのが、彼が広言し著書も出版して話題となった「死後の世界＝大霊界」のことだ。

「撮影の合間なんかに、丹波さんはしきりに僕をつかまえて霊界の話をまるで見てきたかのように聞かせるんだよ。それが彼の話し方が上手いので面白くてつい聞き入ってしまうんだ。バカバカしい大法螺話をその時には彼が本気になってしゃべっているようにも思えてねえ。ある時なんか、『わしがあの世へゆく時には必ず呼ぶから、その姿を実況中継みたいに見にきてくれよ』と大真面目に言っていたんだけど、実際に彼の亡くなった時には呼んでもらえなかったみたいだよ」

こう言って笑う中島監督にとって、不思議な人間的魅力を放つ丹波哲郎もやはり忘れられない俳優の一人であることは間違いないだろう。

丹波演じる加藤清正が築城した熊本城

気遣いの人・世界のミフネ
——三船敏郎（その1）

映画生活60余年の中島監督。これまでつき合いのあった多士済々の俳優たちとの思い出話は尽きないが、ひとまずの締めくくりとして「世界のミフネ」こと三船敏郎について語ってもらうことにした。

「やはり戦後の映画界にあって三船敏郎という俳優は大きな存在で、僕ら東映の監督から見ると遠い世界の人といった感じだったから、まさか僕が三船さんの映画を撮ることになるとは夢にも思っていなかったよ」

こうふりかえる中島監督が三船と仕事を共にするきっかけになったのは映画『犬笛』である。

「これは三船プロ創立15周年記念映画として企画されて、僕に監督をやって欲しいという依頼がきたところから始まったんだ。僕にとってはATGで撮った『鉄砲玉の美学』以来、2本目の他社の仕事になるんだけど、『三船プロからこんな話がきている』と僕が言うと俊藤プロデューサーは即座に『是非とも行ってくれ』と大乗り気になってね。これを機会に三船さんに東映作品に出演してもらおうという目算があったんだろうけど、とにかくそれを交換条件にして僕が監督を引き受けることになったんだ」

当初この映画では渡哲也が主演する予定だったが、過酷な撮影条件から体調不良の渡が降板したため、急遽、菅原文太に交代させることが出来たのも中島監督との関係があったからだろう。

「文ちゃんの起用がスムーズにいったこともあって、三船さんは僕を好待遇で迎えてくれてね。僕が東京滞在に撮影所近くの便利なホテルを事前に予約していたところ、『監督には一級のホテルを』という三船さんの指示で遠くにある新築のホテルをとってくれて、送迎車付で撮影所へ通うというこれまでにない経験をさせてもらったよ」

この映画は北海道からインドネシア領海域を舞台

にした大きなスケールのもので、サロベツ原野での長期間ロケを含めたハードな製作過程での三船との関係について聞いてみた。

「三船さんは総合プロデューサーという立場だったんだけど、僕がやることには一切口出しせずに現場を任せてくれたおかげで、他社での仕事とは言えやりにくいことはほとんどなかったかな。三船さんは『監督、

三船敏郎（赤ひげ）

大丈夫ですか、お疲れではないですか？』と度々声をかけて気を配ってくれるものだから、却ってこっちが気を遣うことになったほどでね」

そして三船プロの製作だからこそ可能なこともあったと言う。

「例えば海外逃亡を図る誘拐犯を海上で追跡するシーンを伊豆大島付近でロケしたんだが、自衛隊の艦船や海上保安庁の巡視艇を撮影するのに融通を利かせてもらえたのも、やっぱり三船敏郎というネームバリューが効いたんだと思うなあ」

そんな伊豆大島撮影時の三船とのエピソードについて聞かせてもらった。

「伊豆大島の旅館でスタッフ・関係者が顔を揃えての夕食会があって、僕もおつき合いで出席していたんだ。すると宴半ばで三船さんが『中島監督は朝が早いからどうぞお部屋へお引き取りください』と僕を気遣ってくれたんで、自分の部屋で寝ていたんだ。すると夜中に僕の部屋のドアを誰かがドンドン叩いて大声で叫ぶんでドアを開けると、何と酒に酔った三船さん

が『みんなが揃って飲んでいるのに監督が中座するとは何事か！』と言って、僕を食事会場まで引っ張っていったんだよ。三船さんが酒に酔うと人が変わるという逸話は聞いていたんだけど、これにはまいったね。結局、深夜までつき合わされたんだけど、さすがにその翌日の撮影中、三船さんは僕と一度も目を合わさなかったから、昨夜の醜態をちゃんと自覚していたんだと思うよ。きっと平常は必要以上に人を気遣うことで押し殺しているものが、酒を飲むと出てくるのかも知れないね」

生真面目な三船敏郎の一面をうかがうエピソードとして、中島監督は楽し気に話してくれた。

「犬笛」のロケ地となったサロベツ原野

45

気遣いの人・世界のミフネ
——三船敏郎（その2）

中島監督が語る三船敏郎の思い出話は、東映作品をめぐる話題へと移ってゆく。

「これまで東映とはご縁のなかった三船さんだったんだけど、三船プロの『犬笛』の監督を僕が引き受ける代わりに東映作品に出演してもらえないかと頼んだら快諾してくれてすぐに実現したんだ」

それが『日本の首領 野望篇』である。これは実在の広域暴力団組織をモデルにしつつも、実録路線から人間ドラマへの転換をめざした中島監督の『やくざ戦争 日本の首領』の続編としてつくられたもので、佐分利信演じる関西組織の首領・佐倉を中心にしているが、これに対抗する関東の首領・大石剛介役に三船をあてることになった。

「東西の首領が火花を散らす対決シーンでは、佐分利さんがこっちの演出にいろいろ注文をつけてくるので事前に話し合ったりしたのとは対照的に、三船さんは黙って僕の言うとおりに動いてくれる人だから、僕の方が気遣いしてしまったね。衣装でも佐分利さんは自分のアイデアを提案してきたけど、三船さんはその逆で普通の衣装しか着なかったからなぁ」

シリーズ3作目『日本の首領 完結篇』にも引き続き出演した三船が、共演することになった黒幕役の片岡千恵蔵に接する態度にも中島監督は感心したと言う。

「この点でも気遣いの人・三船さんは、初顔合わせの片岡御大に自分から頭を下げて『三船でございます』と丁寧に挨拶したり、御大のために椅子を用意したりの心配りは徹底していたね。そうそう、この映画の撮影中に亡くなった僕の母親の葬儀に三船さんは律義に千葉まで車を飛ばして駆けつけてくれたんだ。僕の実家は祖父の代から醸造業を営んでいたんだが、明治初年に建てられた大きな商家造りのわが家をしげしげと眺めまわした三船さんが『中島監督も極道ですなぁ』

とポツリと言ったことが忘れられないよ。三船さんにすれば、これだけの実家の商売を引継がずに映画の世界に入ったしまった僕に対して思わず出た言葉だったんだろうね」

その後、三船敏郎は中島監督の『制覇』、『人生劇場』にも連続して出演するが、その一方で三船プロの社長として経営にエネルギーを割かなければならなくなっ

三船敏郎（日本の首領）

ていたのだろう。
「偉くなっていろんな責任がドンドンくっついてくることで、三船さん自身の俳優としての個性や面白さを発揮する機会が失われて、演技が徐々にワンパターンになっていったのが残念だったね。もともと三船さんの魅力は動き回って演じるところにあり、セリフで芝居をする俳優ではなかったんじゃないかな。ある時、僕は三船さんのたくさんの出演作品の中で結核病みのやくざに扮した『酔いどれ天使』（黒澤明監督・１９４８年）が一番よかったと、直接言ったことがあってね。すると三船さんが『僕も実は一番印象深い映画はそれなんだ』と言ったんだけど、やはり三船さん自身も若い頃の体当たり的な演技に最も手ごたえを感じていたんじゃないかと思うよ」
三船の俳優としての原点とも言える『酔いどれ天使』は、飢餓感や現状への怒りをぶっつける若者を主人公にした『８９３愚連隊』、『鉄砲玉の美学』、『狂った野獣』などの映画をとおして中島監督が描こうとしたものと重なり合うのかも知れない。

「世界のミフネ」と称された三船敏郎は、１９９７年12月に77歳で死去した。

「撮影中は夢中になって取り組んでいてあまり意識していなかったけど、今ふりかえってみると、戦後の日本映画史に大きな足跡を残した三船敏郎という偉大な俳優と一緒に映画づくりが出来たことを映画監督として光栄に思っているよ」

感慨深くこう語り終えた中島監督の言葉を聞きながら、たくさんの俳優たちとの交流の中から浮き彫りになったのがとりもなおさず映画監督・中島貞夫の映画人生であり、興味尽きない人間ドラマなのだと筆者には思えた。

「制覇」でロケをした天龍寺庭園

46

聞きもらし語り残し対談

コワイ悪役俳優たちも忘れない

大森：これまで45回にわたって中島監督が映画人生の中で出会われた俳優たちについて興味深い話をお聞きしてきたのですが、中島監督のフィルモグラフィーを拝見しますと聞きもらしていた人がまだまだたくさんおられます。そこで番外編として思いつくままにお聞きできればと思いますので、どうぞよろしくお願いします。

中島：監督作品だけでなく助監督として付いていた映画やテレビ作品も含めると、随分大勢の俳優さんたちとおつき合いがあったことに自分でも驚いているよ。

大森：さて僕なんかは、悪役と言えばすでに聞かせてもらった進藤英太郎や山形勲を思い浮かべてしまいますが、もう少し後の世代で少しマニアックな知る人ぞ知る「コワイおっさんたち」を取り上げてみたいと思います。まず山本麟一から聞かせてもらえますか？

中島：山麟はああ見えて東映ニューフェイス第1期として映画界に入り、東撮作品『学生五人男』（1954年）で主演もしているし、『警視庁物語』シリーズにレギュラー出演していたんだよ。

大森：僕が彼の名前と顔を知ったのは、『宮本武蔵 般若坂の決斗』（1962年）です。太い六尺棒を振り回す宝蔵院の荒法師役で武蔵に一撃で倒されるのですが、強烈な印象を受けましたね。

中島：『あゝ同期の桜』を撮るにあたって、京撮の時代劇俳優とは違った雰囲気の俳優として起用したキャストの一人でね、若い学徒兵をしごく鬼曹長役が僕との初めての仕事だったかな。その後も『木枯し紋次郎』、『木枯し紋次郎 関わりござんせん』や『ジーンズブルース 明日なき無頼派』、『日本の仁義』にも出てくれていたんだ。

大森：山本薩夫監督の『戦争と人間』で関東軍参謀・

辻政信役での山本麟一をよく憶えていますが、いかにもノモンハンでの強硬論者風で……。

中島：おっしゃるとおり彼はセリフが一本調子でね、命令調でしゃべる軍人役には向いているけどあまりデリケートな役柄は難しかったかな。ただ人が引き受けないような荒っぽい役をやってくれてね。もともと彼は明治大学のラグビー部出身で言わば体育会系だったんで、よくラグビーの試合観戦に誘われたりもしたんだが、彼は人が食べないゲテモノを好んで食べる悪食家という印象も残っているなあ。そうそう悪食と言えば、天津敏なんかもその最たるものだったよ。

山本麟一

大森：実は天津敏も是非ともお聞きしたいと思っていた悪役俳優の一人なんですよ。

中島：天津敏は東宝のニューフェイスとして映画界に入ったんだけど、早い時期にテレビ映画の悪役として名前が売れたんじゃなかったかな。

大森：僕が小学生の頃に見た『豹（ジャガー）の眼』というテレビ映画で初めて天津敏という俳優を知りました。その後も『隠密剣士』で風魔小太郎という悪い忍者役をやっていた天津をよく憶えていますよ。

中島：その忍者役が注目されて、僕が助監督に付いた山内鉄也監督の『忍者狩り』で闇の蔵人という忍者の頭目に抜擢することになったんだ。僕の初期の監督作品『男の勝負』にも出ているし、『あゝ同期の桜』では学徒兵たちを特攻出撃させる「イケイケ」タイプの司令官役もやっているしね。その後も『懲役太郎 まむしの兄弟』、『まむしの兄弟 傷害恐喝十八犯』に出ているよ。

大森：ところで天津敏の悪食というのは？

中島：『東京＝ソウル＝バンコック 実録麻薬地帯』の海外ロケへ一緒した時のこと、バンコックから地方へロケに行って露店で昼食をとろうと注文すると真っ黒なカレーが出てきたんだけど、よく見ると蝿がカレーにたかって黒く見えていたわけだよ。天津敏は「これが美味いんだよ」と蝿を追い払って平気でサッサと食べてしまったのには驚いたな。ただし山麟も天津敏もともに若死にしてしまったから、「やはり悪食は長生きできないのかなあ」と仲間内で話題になったほどだよ。

大森：それにしても山本麟一も天津敏もニューフェイス出身というのは意外でしたけど、悪役で活躍した名和宏や今井健二もやっぱりニューフェイスとして映画界に入っているんですね。

中島：そうだね、名和宏は日活の第1期ニューフェイスから松竹へ移籍して二枚目役もやった後、東映へ移ってきて『現代やくざ 血桜三兄弟』をはじめ70年代の僕の作品にたくさん出演しているんだ。『女番長感化院脱走』、『脱獄・広島殺人囚』、『暴動・島根刑務所』などの看守役で出ていたんじゃないかなあ。

大森：僕にはテレビの名作時代劇『新選組血風録』での桂小五郎役、『燃えよ剣』での芹沢鴨役などが印象に残っています。

天津敏

中島：今井健二は東映ニューフェイス第2期生で、東撮の現代劇を中心に活躍していて、最初の頃は好青年役もやっていたんだ。僕は監督になってから従来の京撮にはいないタイプの俳優を東撮から連れてくるようにしていたんだけど、彼もそのうちの一人でね。『安藤組外伝 人斬り舎弟』、『やくざ戦争 日本の首領』、『制覇』にも出ているし。

大森：中島監督は遠藤辰雄（のちに太津朗と改名）もかなり早い時期から使われていますね。

中島：彼は新東宝ニューフェイスとして映画界へ入った人だけど、フリーになって以降、各社の映画に出演していて、東映京撮でも何本も撮っていたんだ。僕の初期の監督作品『旗本やくざ』、『893愚連隊』に出ているし、とくに『893』では彼の関西弁が活かされていたと思うよ。その後もATGで作った『鉄砲玉の美学』や『日本の首領 完結篇』、『総長の首』でも一緒したね。

大森：大川橋蔵の『銭形平次』シリーズで平次のライバル・三輪の万七役に出ていた頃、ロケ現場でいっぺ

「銭形平次」ロケで遠藤辰雄を見た宗忠神社

ん見かけたこともありますが、こうして聞かせてもらうと懐かしい俳優がもっと出てきそうですね。

中島映画で輝いた各社スターたち

大森：つづいて思いつくままに中島監督の映画作品に出演している男優についてお聞きしたいと思っていますが、まず小林旭から。僕ら団塊の世代にとって小林旭は日活のアクション俳優の一人というイメージしかありませんでした。

中島：旭さんは日活のニューフェイスで映画界に入り、石原裕次郎と二大看板のスターだったんだけど、1972年に東映へ移籍し『仁義なき戦い』などに出ていたんだ。

大森：僕は日活映画はあまり見ていなくて「渡り鳥シリーズ」を1本見ただけですが、ギターを弾きながら馬で旅をするお話で時代劇ファンから見るとあんまり興味が湧きませんでしたよ。

中島：確かにあれは「和製西部劇」みたいな感じだったね。東映色とは程遠いそんな旭さんがもっているカラッとした透明感を活かして主演してもらったのが『唐獅子警察』（1974年）だったんだ。任侠もののベースにある義理人情のようなドロドロとした情念芝居とは全く違う現代やくざの世界を描いたものだったよ。

大森：撮影中の思い出などありますか。

中島：旭さんはスター気分が抜けないところがあったのか、朝一番の撮影にはたいがい遅れて来るんだ。その言い訳がいつも「交通渋滞があって……」と言うんだけど、いかに早く来させるかに結構苦労したかなあ。その一方で旭さんしか出来ないカー・アクションが印象に残っているよ。ラストで両手が使えなくなった主人公が車のハンドルを口で咥えて断崖絶壁の急カーブを激走するシーンがあって、それを比叡山の山中越えでロケしたんだが、旭さんが運転する車にキャメラマンと一緒に乗っていたから、こっちまで命がけだったなあ。その時、やっぱり旭さんはすごい俳優だなあと感嘆したよ。

大森：この『唐獅子警察』の後にも『実録外伝 大阪電撃作戦』や『制覇』で小林旭を使われていますが……。

中島：このあたりに東映やくざ映画の幅の広さがあったと言えるんだろうね。つまり着流しなど似合わない現代やくざ風の小林旭が一方に居て、その対極には典型的な浪花節芝居の村田英雄まで居たわけだから。

小林旭

大森：小林旭だけでなく中島監督の映画に何本も出ている川地民夫も日活のスターだったのですね。何かで読んだのですが、逗子の家の隣に住んでいた石原裕次郎の薦めで俳優になった人らしいですよ。

中島：川地さんは日活の青春映画にたくさん出ていた俳優で、日活退社を聞いた俊藤プロデューサーが早速東映へと声をかけて連れてきたんだ。やくざ映画のパロディーをめざして70年代に始めた『まむしの兄弟』シリーズで菅原文ちゃんの弟分役で起用したんだけど、もともと僕はこの役に渡瀬恒さんを考えていたんだけど、会社方針もあって川地さんになったんだ。川地さんは下品な芝居が出来ないタイプで、線が細くてスター性はあまりなく脇役向きだったから、主役の文ちゃんにとっては結果的によかったのかも知れないね。僕としては面白いと思って見ていた大映の人気シリーズ『悪名』の勝新太郎と田宮二郎みたいなコンビものをねらったんだけどね。

大森：田宮二郎と言えば、1本だけ中島監督の『日本暗殺秘録』に出演していましたが、この人は鴨沂高校の大先輩だったこともあって大映時代から好きでした。

中島：人気絶頂期に大映の永田社長ともめていわゆる五社協定という縛りで映画に出られなくなり、大映を退社したのですぐに声をかけて配役したんだと思うなあ。千恵蔵御大演じる井上日召に心酔して血盟団に加わる海軍将校の役を背筋がキリっと通った雰囲気でやっていたよ。個人的なつき合いはなかったんだけど、俳優以外の事業面に野心を持ちすぎて若死にしてしまった惜しい俳優だったね。

大森：田宮二郎が43歳で猟銃自殺した時は僕もショックでしたが、若くして亡くなったという人では天知茂も中島監督の初期作品で重要な役割を果たした俳優ではなかったでしょうか。

中島：そうだね、天知さんは僕の若い頃に数本一緒したんだが、地味な人だけど忘れられない俳優の一人だね。彼は新東宝の第1期ニューフェイスで、新東宝倒産後に大映と本数契約をしていたけど、東映にも出ていたんだ。

大森：大映の『座頭市物語』の平手造酒、『新選組始末記』の土方歳三など、僕もよく憶えています。

中島：『893愚連隊』では主役の戦後派チンピラたちと対比して描きたかった戦中派世代の哀しさを巧く演じてくれていたし、『あゝ同期の桜』では特攻戦術を客観的・批判的に見つめる軍医役で作品のテーマに深くかかわる位置づけだったんだよ。ただし会社の圧

天知茂

力でこの天知さんの出演シーンが大幅にカットされてしまった悔しさは今も忘れられないね。天知さんは撮影のない時は旅館の奥の部屋で一人静かに本を読んでいて、そういうところも僕は好きだったね。

大森：ところでここまでは他社で活躍した後に中島監督の作品に起用された俳優たちを話題にしてきたのですが、東映育ちで11本の中島作品に出演していた梅宮辰夫についても少しお聞きしておきたいのですが。

中島：辰兄イは第5期ニューフェイスだけども東撮が中心だったんで、僕とのつき合いも東撮で撮った『安藤組外伝 人斬り舎弟』からなんだ。それ以降、京撮でたくさんの映画を一緒したんだが、彼は陰のない明るい性格で、個性をぎらつかせるタイプの人ではなかったよ。ところがこの明るさが災いして主役としては物足らない感じで、逆に陰がある方がミステリアスな魅力になるんだな。だから彼が脇へ回った時は、決して主役を喰ってしまうこともないから、アンサンブルもとりやすくてキラリと光ってくるという俳優だったね。

大森：なるほど、僕には『真田幸村の謀略』での真田

「唐獅子警察」のカー・アクションを撮った山中越え

信之役は印象に残っていますよ。

中島：辰兄イの持っている陽性の部分が、晩年のテレビのバラエティーなんかには十分活かされたんだと思うね。

さまざまな魅力を発揮した女優たち

大森：ところで「女性映画」というジャンルがありますが、その分類から言えば東映は「男性映画」が主だったのかも知れません。その中でも中島監督はたくさんの女優さんと仕事をされてきましたので、そのあたりの話をお聞きしたいのですが……。

中島：時代劇や任侠ものが中心だった頃から東映では男優陣に比べて女優陣の層が薄いと言われていて、僕は初期の監督作品でも他社の女優を結構呼んできていたと思うよ。とくに監督デビュー作の『くノ一忍法』では、艶笑喜劇とは言え女優に肌を見せるシーンを要求したので、東映のお姫様女優たちからの起用が難しかったこともあってね。

大森：その後の映画と比較したら露出度はさほどでもなかったのでしょうが、何しろ60年前のこと、結構大変なことだったのでしょうね。

中島：『大奥㊙物語』で主役の一人に抜擢した小川知子は同年『続大奥㊙物語』にも出ているし、東映としても新スター扱いで期待していたんだが、結局のところ女優になりきれず歌手に転向してしまったんだ。まだデビュー直後だった大原麗子には『尼寺㊙物語』で脱ぐ約束で来てもらっていたところ、泣かれてしまって背中だけ撮ることになったこともあったからか、「東映は脱がされるから怖い」とその頃の若手女優たちに恐れられていてね。

大森：その一方で『くノ一』や『㊙』ものには、個性ある女優さんが出ていました。

中島：今にして思えば、従来の東映路線とは色合いの違った人とのつき合いが出来るいい機会になったのかなあ。緑魔子とか中原早苗なんかは面白い芝居をしてくれていたし、彼女たちは70年代に撮った映画にも数本出ていると思うよ。とくに早苗さんは親しい先輩である深作欣二監督の奥さんだったから、よく一緒に飲む機会があったんだけど、彼女は大変な酒豪でね。それが祟って早く亡くなったのかも知れないな。

大森：70年代の中島監督の作品にはバラエティー豊富な女優が登場していますが、大映でたくさんの映画に出ていた江波杏子も強く印象に残っています。

中島：『木枯し紋次郎』で、紋次郎が密かに心を寄せていた女と三宅島で御赦免船を待つ女の二役を見事にこなしてくれたな。

名取裕子（序の舞）

大森：のちにテレビで活躍した梶芽衣子や大谷直子も中島監督の映画に顔を出していますし。

中島：梶芽衣子は東撮のシリーズもので売り出していたから、そのネームバリューを活かして僕自身が脚本を書いた『ジーンズ・ブルース 明日なき無頼派』に出てもらったんだ。当時は相手役の渡瀬恒さんよりも広く知られていたからね。彼女にはもっと気だるい雰囲気の芝居を期待していたんだけどちょっと当てが外れたかな。大谷直子は当時の若手の中ではなかなか存在感のある女優で、『脱獄・広島殺人囚』では松方弘樹の妹役で光っていたし、『日本の首領 完結篇』でも男たちに利用されながらもしたたかさをもった女性を演じていたよ。

大森：日活ロマンポルノで有名になった片桐夕子とも数本ご一緒されていますね。

中島：僕が東撮へ呼ばれて撮った『安藤組外伝 人斬り舎弟』で初めて仕事をしたんだよ。女のはかなさが表現できる独特の雰囲気をもっていて、それが『実録外

伝 大阪電撃作戦』など実録やくざ映画の中でうまく活かすことが出来たように思うなあ。

大森：片桐夕子は僕も密かに好きだった女優ですよ。文学座出身の二宮さよ子も重要な役で使われています。

中島：彼女は『日本の首領』3部作の主人公・佐倉の養女で高橋悦史演じる医師の妻になるという重要な役どころだったけど、さすがに舞台で杉村春子に鍛えられただけのことがあっていい芝居をしていたね。

大森：一番若い世代では名取裕子に大きな役を与えられていましたが。

中島：名取裕子は『序の舞』の主人公・津也役への大抜擢だったんだが、実在の女流画家をモデルにした難しい役で、しかも大胆なヌードシーンもあったんだけど、よくがんばっていたと思うよ。『女帝 春日局』では主役の春日局と対立する大奥取締の民部卿局役でラスト近くでの大芝居を堂々と演じていたしね。

大森：『女帝 春日局』と言えば、十朱幸代をはじめ草笛光子や淡路恵子というベテラン女優陣が出ていて見応えがありました。

中島：主役の春日局役の十朱ちゃんとは助監督時代の『関の彌太ッペ』（山下耕作監督）以来久しぶりの顔合わせだったんだ。家康役の富兄イ（若山富三郎のこと）との丁々発止のやり取りも二人に自由にやってもらっただけで、とても面白いシーンになったなあ。ただ富兄イが悪乗りしすぎると、十朱ちゃんが「若山さん、やりすぎみたいよ、ちょっととめてちょうだいね」と

十朱幸代

僕にそっと言ってきたこともあったかな。草笛さんや淡路さんクラスになると、画面に映っているだけで重みが感じられるからさすがだと思ったね。

大森：名取裕子と同世代の若手では、かたせ梨乃が『極道の妻たち』シリーズで目立っていましたね。

中島：『極妻』での女弁護士という意外な配役にうまくはまって、岩下志麻さんとのアンサンブルが面白かったんだが、彼女には放っておくとついつい芝居をやりすぎてしまう傾向があってね、それをどう抑えさせるかを考えたものだよ。

大森：最後に女優陣でおそらく一番出演作品の多い三島ゆり子についてお聞きしたいのですが、僕は中学時代に見た集団時代劇の傑作『十七人の忍者』、『十三人の刺客』、『大殺陣』でのデビュー当時の初々しい三島ゆり子をよく憶えていますよ。

中島：ミミ（三島ゆり子のこと）は東映の第7期ニューフェイスの新人だったんだけど、『くノ一忍法』で先輩女優たちが尻込みした役をすんなりやってくれてね。彼女は素直ないい性格で僕にとっては別格の女優

「女帝 春日局」をロケした相国寺

だと言えるかな、何しろ監督デビューから最新作『多十郎殉愛記』までの長いおつき合いだからね。

ベテラン俳優の深き味わい

大森：中島監督の作られた映画には、随所に日本映画を支えた個性的なベテラン俳優が登場しますが、そんな人たちについてもお聞きしたいと思います。まず加藤嘉あたりからいかがですか。

中島：加藤さんは戦前からの新劇俳優で、戦後も劇団活動を基盤にしながら早くから映画に出ていた人で、内田吐夢、山本薩夫などの名匠が監督した東映作品にたくさん出演していて、とくに僕の師匠・今井正監督のお気に入り俳優の一人だったんだ。助監督に付いていた『武士道残酷物語』の撮影現場での忘れられないエピソードが一つあるんだよ。加藤さん演じる老人が丘さとみ扮する若い娘に欲情をもって迫るというシーンで、加藤さんに頼まれキャメラに目線を向けた時に、僕がそっとエロ写真を見せることになっていてね。加藤さんはそれによって老人の一瞬の厭らしい目つきをリアルに表現しようとしたんだが、監督に気づかれないようにサッと出すのも助監督の腕だったわけで……。加藤さんは東映にたくさんいた強面タイプの人たちには見られないデリケートな芝居の出来る貴重な俳優だったな。

大森：僕には『砂の器』で主人公の父親役での加藤嘉の哀れな巡礼姿が最も印象深いですね。中島監督は志村喬や千秋実という黒澤組の俳優とも仕事をされていますね。

中島：同じ黒澤組の俳優でもこの二人はまったくタイプが違っていてね、志村さんはあまりにも演技の形がはっきりしていて僕には却って使いにくい人だったけど、千秋さんは当時の東映作品にもたくさん出ている面白い俳優だったなあ。とくに助監督時代に田坂具隆監督の『親鸞』、『ちいさこべ』で千秋さんと親しくなって、『旗本やくざ』を撮った時にやくざの親分役で出てもらってね。この人が親分を独特のキャラクターで演じてくれているだけで、映画全体を明るくコメディータッチにすることができたと思うよ。人間的にも演技的にも幅があり、人をホッとさせる雰囲気をもっていたしね。

大森：『七人の侍』の平八役でも確かにそんな個性が感じられました。東映時代劇の悪役で見知った小沢栄太郎はいかがでしたか。

中島：小沢さんとは僕の学生時代からおつき合いがあってね。この人も戦前からの筋金入りの新劇俳優で、同じ俳優座の重鎮でも僕が親しかった東野英治郎さんと比べると、重みがあってちょっと近寄りがたいタイプの人だったかな。演技面でもセリフにドスが効いた貫禄ある黒幕役がよく似合っていたし、とくに舞台でのセリフなんか迫力十分だったよ。小沢さん自身が舞台演出もしていた人だから、『暴力金脈』や『日本の首領 野望篇』に出てもらっているけど、大先輩として奉っていた感じかな。その点でも若手から人気のあった東野さんとは対照的だったかも知れないね。

加藤嘉

大森：助監督を務められた『関の彌太ッペ』以来、久しぶりに『序の舞』でご一緒されている大坂志郎も印象的ですけど。

中島：大坂志郎さんは個性をギラギラさせるタイプではないので目立たないけど、なかなかいい俳優だったよ。『序の舞』では主人公の母・勢以が少女時代に身を寄せる養父役で出ていて、出演シーンは少なかったが京都の庶民の味わいが感じられたね。庶民的な好人物を演じられるこういう雰囲気をもった俳優が最近はあんまりいなくなったなあ。

大森：監督デビュー作『くノ一忍法』での真田幸村役から始まり『瀬降り物語』までの10作品に出演している北村英三についてもお聞きしたいのですが。

中島：北村英三さんは京大文学部出身のインテリで、毛利菊枝さん主宰の劇団くるみ座の実質上の指導者だったんだ。劇団経営では大変なご苦労があったようだが、なかなかの人格者で若い俳優たちの面倒見もよくて、僕が教授を務めていた大阪芸術大学の演劇科は彼でもっていたみたいだよ。ずうっと京都在住で、何と言ってもきれいな京言葉が話せたから僕としても使いやすかったのかな。

大森：テレビ映画の『新選組血風録』や『燃えよ剣』の井上源三郎役で僕は見知っていましたが……。

中島：北村さんは土臭さが持ち味で、まったく気取ったところのない人で、役柄が面白ければどんなにひどい役でも引き受けてくれてね。例えば菅原文ちゃんの『まむしの兄弟 傷害恐喝十八犯』では、年寄りのニセまむしコンビ役を殿山泰司さんと二人で楽しんで演じているようなところがあったな。

大森：中島監督の映画への出演本数が多い織本順吉もテレビでは昔から活躍していた俳優ですね。

中島：織本さんは劇団青俳のメンバーで今井正監督の映画に何本も出演していたご縁から僕の監督作品にも結構出てもらっていたんじゃないかな。独特の雰囲気をもっていて、とくに『実録外伝 大阪電撃作戦』や『沖縄やくざ戦争』では、子分たちの暴走を止められずオ

千秋実

ロオロと動揺してしまう少々コミカルなやくざの親分役を見せてくれたし、やはりこういう芝居の出来る人は貴重な存在だったね。

大森：ところで話題が名優たちからまったく離れてしまいますが、中島監督の映画には俳優ではない作家たちが顔を出していて驚かされますね。

中島：いやあ、あれは実は新宿の飲み屋でたまたま顔見知りになって、「映画に出せよ！」と言わば自薦してきた連中なんだよ。作家の田中小実昌さんや脚本家の石堂淑朗さんは、『温泉こんにゃく芸者』に出演するため片山津温泉のロケにまでつき合ってくれてね。

大森：野坂昭如もそうなんですか。

中島：野坂さんも飲み屋で親しくなって、『日本の仁義』で新聞社の編集長役をやってもらったんだけど彼は出たがり屋のくせに極度のテレ症で、酔っ払っていないとセリフもちゃんと言えなくてね。同年に撮った『日本の首領 野望篇』ではセリフのない殺し屋役だったから、まだよかったんじゃないかなあ。

「温泉こんにゃく芸者」ロケを行った片山津の柴山潟

喜劇役者や早逝が惜しまれる俳優も

大森：中島監督の作品に出演したたくさんの俳優たちについて興味あるお話を番外編としてうかがってきたのですが、まだまだ聞きもらしていた俳優が何人もいます。松竹新喜劇の藤山寛美もその一人です。

中島：僕が監督デビューした直後に撮った『男の勝負』は、師匠のマキノの親父（雅弘監督）が当初は撮ることになっていたんだけど、親父の体調が悪くて結果的に僕が監督することになった映画で、寛美さんも親父のキャスティングだったんだ。当時、寛美さんは莫大な借金を抱えていて新喜劇にも出られない状況にいたから東映に何本も顔出ししていたんだろうね。この映画は大阪千日前の盛り場が舞台だったんで、ちょっとした役でも寛美さんの味が活かされていたと思うね。

大森：僕は小学生の頃、南座で松竹新喜劇を見ましたが、子供の目から見ても藤山寛美が一番面白かったです。

中島：寛美さんはやはり抜群の表現力をもった天性の喜劇役者だと思ったな。だから彼には細かく芝居をつけなくてもこっちの要求以上のものが出てくる感じでね、ただし好きにやらせておくとついやりすぎる嫌いがあって、本番でリハーサルと違うセリフを言うものだから共演者が困ってしまうんだよ。舞台では彼の癖を熟知している役者たちとのやり取りが面白いんだけど、アンサンブルがとりにくいから映画向きではなかったのかも知れないな。同年に『任侠柔一代』にも続けて出ていたし、人間的には世間知らずのところはあったけど、スタッフに対しても威張ったりしないアクのない好人物だったよ。

大森：藤山寛美は60歳で亡くなってしまいましたが、芦屋雁之助たち関西喜劇人も数人使われていましたね。

中島：雁之助さんは『くノ一化粧』で忍者役の一人として出てもらったんだ。監督デビュー作の『くノ一忍法』の時に比べてこちらにも少し余裕が出てきたので思い切ってコミカルにやろうと考えて、雁之助さんが敵の忍法で赤ん坊にされてしまうシーンで大いに笑わすことが出来たね。『尼寺㊙物語』は京都を舞台にした話だったので雁之助さんの関西弁が活かされて、寺の檀家夫婦役で曾我廼家明蝶さんとミヤコ蝶々さんも出ていたんじゃないかな。明蝶さんには『くノ一忍法』で徳川家康役もやってもらったけど、恰幅があって押し出しの利くなかなか味のある役者だが寛美さん同様にやはり舞台の人という感じがしたね。

フランキー堺（幕末太陽傳）

大森：ミヤコ蝶々と言えば、南都雄二は『尼寺㊙物語』の他にも監督の作品に数本出ていますが。

中島：雄二さんは『893愚連隊』や『日本暗殺秘録』にも出ているけど、何と言ってもコンビの蝶々さんあっての人で、一人だけではあまり面白味が出なかったな。

大森：意外な配役で驚いたのが、『日本の仁義』に四国のやくざの組長役で出演していたフランキー堺、この人は東宝喜劇のイメージが強かったのですが。

中島：フランキーは『幕末太陽傳』（川島雄三監督・1957年）が面白くて僕にとっても気にかかる俳優の一人だったんだ。『日本の仁義』では、子煩悩なやくざという少し変わった役柄をこっちの言っていることもよく理解しつつ、彼特有のキャラクターで演じてくれていたよ。フランキーはちょうど僕と同時期に大阪芸術大学の演劇科の教授をしていたことから、演劇論と映画論を一体とした講座を二人で受け持たないかと言ってきて、大学に提案までしていたようなんだ。もっとも実現はしなかったけどね。

大森：最後に中島監督の映画に出ていた若手でこの数年で亡くなった俳優たちについても取り上げたいと思います。まず『瀬降り物語』で主役に抜擢されたショーケンこと萩原健一はいかがでしたか。

中島：もともと渡瀬恒さんを主役に構想していたんだが、彼の健康上の問題で実現せずショーケンでやることになったんだ。ショーケンについては事前にいろいろ聞いてもいたから、四国の長期ロケではスタッフ・キャストとの合宿は難しいと判断して、別に山小屋のような宿舎で彼が親しかった室田日出男を言わば「ショーケン担当」としてつけていたから、とくにトラブルもなかったよ。

大森：やはり扱いにくい俳優だったのですね。

中島：ショーケンは感性が鋭くていいものをもっているんだけど、自分の殻でガードを固めてしまっているようなところがあったね。だから僕もできるだけ話し合う機会をつくって、考えていることは何でもぶつけてくれればいいと思っていたんだよ。

大森：萩原は68歳で亡くなり、僕が好きだった林隆三や地井武男は奇しくも同じ70歳で亡くなっています。

中島：林隆三君は『日本の仁義』にジャーナリスト役で千葉真一演じるやくざとのからみなどなかなか面白い演技をしていたな。地井武男君は『沖縄やくざ戦争』で初めて一緒したんだが、野性的な魅力があって僕も好きな俳優だったよ。彼には続けて77年に『やくざ戦争 日本の首領』、『日本の仁義』に出てもらったけど、

萩原健一

自分を全部出して思い切った芝居をしてくれていたね。二人とも劇団出身だからきちんと芝居の出来るいい俳優だったよね。
大森：林隆三と地井武男は共に俳優座養成所15期生で、夏八木勲、原田芳雄、太地喜和子など有名俳優が多いんで「花の15期生」と言われていたんですね。さらに若い世代では大杉蓮が66歳で急死しましたが。
中島：大杉蓮ちゃんとは『極道の妻たち 決着』で初仕事をして、久しぶりに面白い脇役俳優に出会った手応えを感じたよ。かつての小池朝雄や成田三樹夫みたいに、芝居の幅が広くてツーカーでやって膨らませていける楽しさも味わえたしね。今後の活躍に期待していたんだが、惜しいなあ。
大森：さらにお聞きしたい俳優もあるのですが、もういつまでもキリがないのでひとまず終了とさせていただきます。

藤山寛美が舞台に立った京都南座

第3章

映画づくりの変遷

1　全盛期、映画は量産体制にあった

「僕が映画界に入った頃、日本映画は戦後の全盛期だったから、入社した東映では年間１００本という今ではとても信じられない映画量産体制にあったわけだね。猛烈に忙しくて昼夜を分かたず駆け回っていたわれわれのうちの誰一人として、そんな熱狂の時代が急速に衰退に向かっていくとは予想もつかなかったよ」

こうふりかえる中島貞夫監督は、２０２２年８月で88歳の米寿を迎えた。とは言え映画づくりへの気概は今も衰えを感じさせない。映画人生六十余年を経て63本の監督作品を世に送り出し、その間、映画界をとりまく変遷を第一線で凝視してきた中島監督ならこそ語れることがあるに違いない。

とりわけ製作企画から配給・公開まで映画づくりの各プロセスの実際について、一映画ファンとして興味のおもむくままにおたずねし、それらが六十余年の間にどのように変わっていったのかを語ってもらうことにした。

まず中島監督は映画をとりまく時代背景の推移から語り始めた。

「東京大学卒業と同時に僕が東映へ入社した１９５９（昭和34）年は、東映の観客動員数が史上最高を記録した年だったんだ。因みにその前年が日本での映画観客動員数のピークで11億２７００万人だったから、国民全員が１年に11回以上映画館に足を運んでいたことになるわけで、いかに映画人気がすごかった

かということだね。ところがちょうど同じ年、皇太子（現在の太上天皇）成婚パレードの実況中継が放映されるのを機に白黒テレビが普及し、テレビ受信契約数が１０００万台に達すると映画観客動員数が急激に減り始め、１９６４（昭和39）年の東京オリンピック開催に合わせてカラーテレビが普及したことで、さらに映画観客数は激減していくことになってしまったんだ」

その後もテレビの普及による映画観客数の激減で「娯楽の王者」としての映画の地位が急速に低下し、当然のように映画製作本数が減少していったことが、映画づくりにとって決定的な影響を与えたのは言うまでもない。

「この間の映画づくりの変化を一口で言うならば、映画全盛期には映画という商品はそれが生み出されるより先に宣伝され配給までが決まっていたが、現在では一般商品同様に映画が出来上がってから市場に出されているということではないだろうか。かつては公開日程が早くから決まっているため配給に穴を開けるわけにいかなくて、とにもかくにも映画を作り続けなければならないという至上命令のもとで動いていたんだね。これがプログラム・ピクチャーとして量産されていた全盛期の最大の特徴かと思うよ」

その当時、小学生であった筆者たち団塊世代にとって、映画と言えば二本立あるいは三本立上映が当たり前で、しかも時代劇映画が週替わりで見られたのはこうしたわけだ。

「当時は映画各社が量産体制にあったんだが、その傾向が最も強かったのは、僕が入社した頃の東映だったと思うよ。東映は戦後１９５２（昭和27）年に他社から遅れてスタートしたので、上映劇場契約数を拡大し配給収入を増やすために他社に先駆けて二本立上映を始めることになったし、さらに増産するべく『第二東映』まで作ったくらいだから、作れば売れる時代だったのは間違いなかったんだ。そしてそれを支えるには確実に観客を呼べる人気スターを中心に据えた安定したシリーズものが必要となり、その典型が『スター主義』だったんだね」

この「スター主義」については、あらためて製作企画のプロセスで詳しく聞くこととし、ここでは量産体制に対応するために必要であった撮影所システムについて話してもらった。

「撮影所システムというのは、一つの会社が雇用スタッフや専属契約した監督・俳優を使って製作・配給・興行をやる方法であり、一貫性をもって映画づくりをするという意味では計画的かつ効率的だったんだ。しかも常時雇用による安定した人材の確保・育成によって技術が伝承できるという利点もあったのは間違いないかな」

１９５０年代後半の全盛期の映画づくりを支えたこの撮影所システムが崩壊していく過程が、その後の映画づくりの変遷の根底にあったと言えるだろう。

「全盛期に東映に入社し、その後は衰退の一途をたどる映画界で生きてきたんだが、プログラム・ピクチャーの時代の終焉や撮影所システムが崩壊していく経過を目の当りにしながら、映画づくりは本来どうあるべきかという結論は正直言ってまだ見い出せないし、映画が宿命的にもつ商業性と芸術性の関係も含めて、これが答えだというようなものはひょっとしたらないのかも知れないと思ったりすることもあるんだよ」

もとより一映画ファンでしかない筆者にその解答が導き出せるはずもないことながら、製作企画、シナリオ作成から始まる映画づくりの各プロセスについて中島監督のお話を聞かせてもらう中で、少しでも考えるヒントが得られればと願っている。

2 製作企画、プロデューサーの役割

中島監督が映画界に入った戦後日本の映画全盛期、撮影所システムの下で量産されたプログラム・ピクチャーは、どのように製作企画されていたのだろうか。

「全盛期は製作企画の重点がシナリオよりもキャスティングに置かれていたというのが大きな特徴だったと言えるかな。つまりシナリオが出来る以前に、『誰を主演にした映画を作るか』という企画が先に決まっていたということなんだ。当時の東映には片岡千恵蔵、市川右太衛門、大友柳太朗、東千代之介、中村錦之助、大川橋蔵それに美空ひばりを加えた七大スターがいて、彼らのローテーションを前提に製作企画され、それに従ってシナリオが書かれていたわけだね」

他社に比べて後発の東映が観客動員数で他社を抜いて業界トップに躍り出ることが出来たのは、徹底した「スター主義」に基づく勧善懲悪パターンの時代劇が人気を集めていたからだ。

「例えば年間製作スケジュールを見ても盆正月、ゴールデンウィーク、シルバーウィークなど観客動員数が見込める期間向けには、オールスターあるいはセミオールスターの出演作品があてられていたよ。『次郎長もの』や『忠臣蔵』が企画されたのは多くのスターを配役できるからだったんだ。製作費においてもスターたちのギャラが最も大きな比重を占めていたし、スターたちをどう納得させるかがプロデューサーの重要な仕事だったんだね」

プロデューサーは言うまでもなく映画製作費の出資者であるとともに、監督・スタッフ・キャストを含めた全体統括が求められたが、予算管理や撮影準備・日程などの具体的調整は製作主任が担当し、チーフ助監督との綿密な打ち合わせで製作スケジュールに支障がないよう万全に管理する体制がとられていたと言う。

「だからオールスター映画をはじめとした大作の場合、映画クレジットのトップに『製作・大川博』という当時の東映社長の名が出たわけで、それ以外の作品では『企画』として関わった製作担当の複数名がクレジットされるのが一般的だったかな」

また全盛期東映の企画で特筆されるのが「お子様向け」の娯楽時代劇だったと、中島監督は述懐している。

「牧野省三の息子であり満映（満州映画協会）帰りのマキノ光雄というプロデューサーは、スター・ローテーションによるメインの作品との併映用に『笛吹童子』や『紅孔雀』などの中編を週替わりで配給して、いわゆる『ジャリ拾い』で観客動員数の拡大をねらったんだ。入社直後の僕が助監督に付いた『黄金孔雀城』なんかでは、1本をまとめて撮っておいてこれを全4部に分けて順次上映していったわけだけど、連続徹夜仕事なんか日常的だったからね」

この「ジャリ」というのは当時小学生だった筆者たち団塊世代のことで、親子ぐるみで映画館へ足を運ぶようにしたことが東映の隆盛期を築いたと言える。しかしこのようなプログラム・ピクチャーの量産時代は、周知のとおりテレビの普及の結果、1960年代に入ってすぐに急変することとなる。

「撮影所システムの下で量産されるプログラム・ピクチャーの時代がこんなに急激に衰退に向かうことは現場にいても想像できなかったけど、旧態依然とした東映時代劇でくりかえされる勧善懲悪パターンでは映画界がいずれダメになるのではないかという危機意識は当時からもっていたんだけどね」

こうふりかえる中島監督が映画づくりの変遷経過をどうとらえていたのかをたずねてみた。

「衰退してゆく時代劇に代わって任侠映画さらには実録ものが企画されていったんだが、製作本数の減少の下で人員が徐々に削減され、1本の映画を作るだけのスタッフしかいなくなっていき、最後までがんばっていた東映でも撮影所システムが崩壊してしまった。この時点で映画の製作企画が、線から点になってしまったんだね。なんのめぐり合わせなのか、僕が1998年に撮った『極道の妻たち 決着』が東映での最後の作品になったわけだから、プログラム・ピクチャーの時代は20世紀末に完全に終焉したと言えるんじゃないかな」

そしてこのような映画の作り手側の変化は、同時に映画を見る側が変化していったことの反映としてとらえる必要があるのではないかと中島監督は言う。

「全盛期の映画は多くの人々にとって娯楽としての要素が強かったんだけど、テレビの普及やサービス産業の成長によって娯楽が多様化していった結果、映画を見る目的が娯楽としてだけではなく、人間の生き方や社会を見る目を養うことに向いていったのだろうね。それらに映画独自の表現力で応えることが製作企画する際の課題となってきたことは間違いないと思うなあ」

撮影所システムの崩壊から二十数年の歳月を経た現在、デジタル化をはじめとする映像技術の著しい進化、映画鑑賞手段の多様化など映画づくりをとりまく状況はさらに大きく様変わりし、これに対応し得る製作企画の方法が模索されていると言えよう。

3　シナリオをめぐって①

日本映画の父・牧野省三が残した「一スジ、二ヌケ、三ドウサ」という言葉は、現在でも映画人たちにとって重要な教えとして受け継がれている、と中島貞夫監督は言う。

「この『一スジ』というのがシナリオのことで、監督と俳優だけでなくたくさんのスタッフが共通のものを作ろうとする時の具体的な青写真の役割を果たすという意味で、シナリオは総合芸術の基本になるものだね。悪いシナリオからは決していい映画はできないともよく言われるくらいだから」

それでは全盛期のプログラム・ピクチャーの時代にシナリオはどのようにして作られていたのだろうか。

「いつの時代にも映画づくりの上でシナリオが重要であることには違いがないんだけれど、当時は製作企画の根底に『スター主義』があったわけだから、当然シナリオもそれぞれのスターをどう活かすかに力点がおかれ、ドラマツルギーとしては勧善懲悪のパターン化したものの域を出ることはなかった。その典型がオールスター映画で、スター俳優一人一人の見せ場を作ることが必要だから、それを心得ている比佐芳武、結束信二たちベテラン脚本家が中心になっていたし、松田定次や佐々木康が監督を務めていたんだ」

そのような状況下、助監督の仕事を通して中島監督がシナリオづくりに関わっていった経過について聞くことができた。

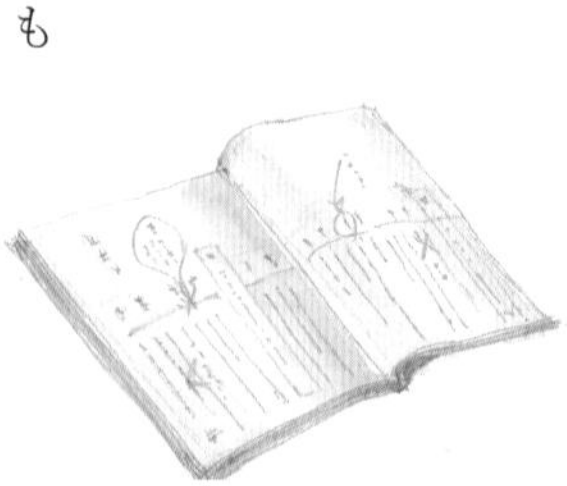

「学生時代にギリシャ演劇をやっていた関係ではじめは戯曲を書いていたんだ。シナリオは時間的連続性や言葉を重要視する戯曲と本質的に違うものだったけど、映画のもつ映像による表現力の可能性に魅かれて徐々にシナリオに接近していったんだと思うよ。助監督時代に付いた田坂具隆、今井正たちの影響もあって、監督をやるにはやはりシナリオが書けなければ駄目だと早いうちから考えていたからね。助監督として田坂監督に付いていた時は監督の健康上の都合からスケジュールに少し余裕があってシナリオを書く時間に充てられたし、今井監督からセリフ直しを頼まれたのもいい機会になったのかな」

また助監督の仕事をする傍ら『織田信長』や『高杉晋作』など連続テレビ映画のシナリオを書いたことも大いに勉強になったとふりかえる中島監督だが、「スター主義に基づく勧善懲悪パターン」という制約の中であっても、一味違った面白味を書き加えることに力を注いでいたようだ。そして同時期、従来の東映時代劇の中にあっても新しい動きが徐々に見られるようになっており、その一例として沢島忠監督の『一心太助』シリーズをあげている。

「これは刀と刀でのチャンバラがなく主人公たちが下駄や天秤棒を持って悪と闘うアクション中心で、また庶民エネルギーが描かれているという点でも、旧来パターンと大きく違っていたね。沢島監督特有のスピード感溢れる演出が魅力だったんだけど、シナリオ段階でも主人公・太助に現代の若者に通じる生き方や性格を与えることで、映画作家（監督・脚本家たち）の人生観を投影しようとした意図が読み取れたことの意味も大きかったんだ。沢島監督から乞われて同期の脚本家・高田宏治と共同で執筆した『ひばり・チエミの弥次㐂多道中』なんかも、ミュージカル喜劇で従来の東映路線とは随分異質のものだったし……」

観客動員数激減を背景にして従来の路線からの脱却をめざす傾向が、まずシナリオづくりに反映したと見ることができるだろう。シナリオに新しいドラマツルギーが加えられることで、さまざまな価値観や文学性を求め得るようになったと言えるのかも知れない。

「映画づくりに果たすシナリオのもつ役割は同じでも、書かれる内容は時代によって当然大きく変わってゆくもので、とくに観客層の変容によっても進化していくのだと思うよ。助監督時代に仲間たちとシナリオ集を出版していたことが会社に認められたことで、監督デビュー作『くノ一忍法』以降、初期作品は連続して僕自身が書いたシナリオを映画化することになってね」

1本のシナリオづくりにはどれくらいの日数を要するものなのだろうか、具体的なシナリオへの取り組み方についてたずねてみた。

「書き手によってさまざまだが、僕はどちらかと言えば速く書き上げる方だったな。それでもやはり1カ月くらいは必要だったから、監督デビューして以降、いろいろ書きたい素材もあったんだけど自分の監督作品で手いっぱい状態になってしまったんだ。ただし書き手が足りなくて会社都合から急遽助っ人を頼まれて書いたものもたくさんあったかな。とくにシリーズものの2作目以降の場合、主人公をとりまく登場人物のキャラクターをふくらませることで新たな展開をはかったり、任侠映画であっても股旅ものとして異質なドラマづくりを心掛けたりしたものだよ」

こうふりかえる中島監督にとっても映画づくりの重要プロセスであるだけに、シナリオをめぐる話には一層熱が入るようだ。

4　シナリオをめぐって②

中島監督が手掛けたシナリオの中には他の脚本家との共同執筆も数多くあるが、共同で1本の映画のシナリオを書くというのはどのようになされるものなのだろうか、筆者の興味から少したずねてみた。

「これも会社都合や日程上の問題でいろんなケースがあったんだけどね。例えば助監督時代に書いた『股旅 三人やくざ』のようなオムニバス映画の場合には三つの話をきっちりと分担して書くことができるんだが、一つの話を共同執筆するとなるとなかなか分担しにくくなるんだ。基本的にはそれぞれに書きたいところを書くことから始めるんだが、どうしても自分が得意な部分、好きな部分に力が入るため書き上がってからその調整をする必要があるわけだね。スケジュールに余裕がなくなると旅館で合宿したりして1本に仕上げるのに結構なエネルギーが必要だったが、『三人寄れば文殊の知恵』と昔から言うとおり、異質なものが合わさって面白いものがうまれることも期待できたからね」

ただしこの場合でも、共同執筆が誰との組み合わせでもうまくいくとは限らないと中島監督はつけ加える。

「やはり日頃から映画づくりやシナリオのあり方などについて意見を交換したりして、気心が知れている連中となら共同での執筆もやりやすいのは当然のことだね。例えば、監督デビュー作品『くノ一忍法』から数本は大学以来の友人・倉本聰の力を借りて書いたものなんだが、お互いの志向や心情を知りつくし

ているからやれる仕事でもあったんだよ。その後も共同執筆した脚本家はたくさんいたけど、同じように映画衰退期の東映を支えて共に活動してきた同世代の連中とはツーカーで分かり合えるところがあったしね」

そんな脚本家として笠原和夫、野上龍雄、松田寛夫、高田宏治らの名前があがったが、中島監督の作品の多くが彼らのシナリオであったことも同様の理由からであろう。

「シナリオづくりに直接タッチせず監督としてのみ関わる場合でも、彼らのシナリオだったら安心して臨むことができたんじゃないかな。例えば『やくざ戦争 日本の首領』では、高田宏治が長大なシナリオを書いて僕に見せて『さあ、好きなように料理してくれ!』と言ってきたんだよ。シナリオをもとに撮影現場で監督が手直しすることはよくあることなんだが、その場合でも監督が脚本家の意図を充分理解していないとダメだし、逆に脚本家がこっちのねらいをわかってくれていないとやりにくいことになるからね」

監督と脚本家の密接な関係を聞いていて、中島監督自身が一人で書いたシナリオを自らで監督するのが理想的なスタイルではないかと考えた筆者、そのことを問うてみた。

「いやいや、それが一概にそうとは言い切れないこともあるんだよ。自分で書いたシナリオを監督しているとついつい歯止めが利かないままで突っ走ってしまう傾向があり、ある種の落とし穴にはまることがあるんだ。つまり自分の欠点が二乗になってもろに出てしまい失敗する恐さをはらんでいるんだね。どこかで自分の考えや行動を客観的に眺める視点を確保しておくことが必要なのかも知れないね」

映画づくりの現場を知らない筆者だが、中島監督のこの言葉は映画についてだけでなく、あらゆる物事にもあてはまる警句であるように思えた。また原作とシナリオづくりとの関係についても聞いておきたくて話題を向けてみた。

「基本的に原作とシナリオは別のものだと思うよ。原作はあくまでもシナリオづくりのためのきっかけを意味するものなんだ。原作にある素材自体への興味をもつことができれば、処理の仕方はいろいろ考えられるしね。可能ならば原作者と接点をもってアイデアを交流できるような関係になることが好ましいのじゃないかなあ。その点で、僕は『くノ一忍法』で山田風太郎と『木枯し紋次郎』で笹沢左保と親しくなっていたので、案外やりやすかったね。ただ『序の舞』のように主人公に明らかな実在モデルがあるケースでは、そちらの方が原作者との関係より以上に気を遣わざるを得なくなるものでね。またモデルとの関係と言えば、やくざ映画とくに実録ものだと、現在進行形の事件など結構デリケートな問題もあって苦労したこともあったよ。シナリオづくりで苦労したわりには作品として評価されなくて、逆にあまり苦労していないのに評価されたりすることもあるから、やっぱり映画は出来上がってみないとわからないものだと思っているよ」

最後に新しいシナリオづくりの可能性について中島監督の思いを語ってもらった。

「冒頭で話したとおり、映画づくりのためには時代の変化に対応したシナリオの存在が欠かせない条件だから、それにはシナリオづくりの底辺を広げて面白い素材が見つけられるようにしておくことが必要だと思う。幸いにしてシナリオは小説などに比べて入りやすいので若い作家の輩出を期待したいね」

5　製作準備あれこれ①　キャスティング

製作企画・シナリオから始まった映画づくりはいよいよ製作準備に入ることになるのだが、その前提として1本の映画を作るにはどれくらの期間を要するものなのか、中島監督に聞いておくことにした。

「かつて映画会社が大作の宣伝文句に『構想何年・製作何年』などと書くことはあったけれど、まあ一般的には1本1年間と見込んでいいんじゃないだろうか。企画からシナリオづくりで6カ月、撮影準備に1・5〜2カ月、撮影に2〜2・5カ月、編集・仕上げ・プリントで1・5〜2カ月くらいがだいたいの目安かな。僕が一番多く撮っていた1970年代には年間で4、5本という年があったから、撮影以外は複数の映画に同時並行して取り組んでいたということになるかな」

こうふりかえる中島監督にとって、その時代は40歳前後の働き盛りであり、東映プログラム・ピクチャーの最後の活況期であったと言えよう。

さてまず聞かせてもらうのは、製作準備のうちのキャスティングについてだ。

「もとより被写体を選ぶのがドキュメンタリー映画で、劇映画では被写体を作るということが本質なんだけど、劇映画でも被写体を選ぶものがあるんだ。その中でとくに重要なのが人を選ぶこと、すなわちキャスティングだね。優れたシナリオは登場人物のキャラクターがわかるように書き込まれていて、このキャラクターが面白いと映画自体が面白いものなるし、見る人が登場人物に感情移入するというのはそのキャ

ラクターに自分を同化させることなんだ」

確かにわれわれ観客は、自分自身と一致したキャラクターの登場人物と共に物語の中で喜怒哀楽を味わうことで映画に感動できるのだろう。

「そんなキャラクターを映像で表現してくれるのが俳優なのだから、そのキャスティングを間違うと脚本家や監督の意図したキャラクターが全く変わってしまうという意味でも、いかにキャスティングが重要かわかってもらえると思う」

ではシナリオ上でのキャラクターに適した俳優を選ぶポイントは一体何なのだろう。

「キャラクターのうち論理的な部分はセリフなど言葉で表現できるんだが、演技ということになると言葉では表現できないその俳優がもっているすべてのもの、言い換えるならば存在そのものからにじみ出るものが一番大切なんだ。演技というのは、容姿や表情だけでなく立居振舞などあらゆることがふくまれていて、俳優一人一人によって全く違うからね。だから俳優は役になり切ろうと演技をしているんだが、その演技以前に無意識のうちに自分自身が出てくるものなんだよ。だから素顔の俳優自身がそのキャラクターを表現するのに適した素材であるかどうかに関わっているんじゃないかな」

次に中島監督が好んでキャスティングする「巾の広い俳優」のことについて聞いてみた。

「その人がもっている素顔と役を演じた時の格差が大きい俳優は、演技の巾が広くて意外性のある役柄や裏切り芝居などが出来るんだ。こういったタイプの人は、一定量のエネルギーの演技を前提にして少しはずした面白い芝居をやってくれるところが魅力で、安心してキャスティング出来る俳優だね」

また監督と俳優の信頼感には俳優の人間性が大いに関係しているのではないかと中島監督はつけ加えた。

「表現力というのは俳優自身が人間として自分をしっかり持っていることと無関係じゃないんだ。つまりこれが自分だというものを持っている俳優ほど、さまざまに自分を変えて演じられるものだし、他のキャストとのアンサンブルをうまくとることもできるのかも知れないね。俳優には良い意味でも悪い意味でも自己顕示欲がつきまとうものだが、リハーサルでは自分を抑えておいて本番になると露骨に自己をアピールするような俳優はやっぱり信頼できないし、二度とキャスティングしないよ」

主役だけでなく脇役・端役にいたるまでそれにふさわしい俳優をキャスティングするのが最善策とは言え、ギャラの問題やスケジュール都合でなかなか思うようにならないこともあったようだ。

「かつての『スター主義』の時代には、シナリオに合わせたキャスティングではなく、出演スターに合わせてシナリオが書かれたわけで、当然ながら会社主導のキャスティングだったんだ。その後の監督作品で僕の望むキャスティングでなかった場合でも、力量のある俳優なら演出次第でこちらのイメージに徐々に近づけられるものだし、それが監督の仕事とも言えるかな。また有名俳優のネームバリューが欲しくてキャスティングすることもあるんだけれど、この場合は結果としてミスキャストになってしまい失敗することが多かったかなあ」

こう言って中島監督は笑ったが、かつてのスタジオシステムが崩壊し、キャスティング・ディレクターという専門スタッフが配役仕事を担う時代に変わっている現在、新しい素材を育て上げることも監督の楽しみなのかも知れない。

6　製作準備あれこれ②　ロケーション・ハンティング

キャスティングと同様に、製作準備過程で被写体を選ぶ仕事の一つにロケーション・ハンティング（略してロケハン）がある。

「映画撮影はスタジオ内で行われるものと外に出て撮るものとに大別できて、スタジオ撮影が背景を作るのに対して、外で撮るロケーションでは現存する背景から撮影場所を選ぶ必要がある。この場所探しがロケハンと呼ばれるものなんだ」

こう前置きしてから中島監督は、まずスタジオ撮影とロケーションの違いについて語り始めた。

「まずシナリオをどう映像化してゆくかで、そのシーンをスタジオ撮影にするか、ロケにするかを決めるんだが、両者にはそれぞれの特徴があるからね。ロケでは何と言っても広い風景を自然光で撮れるのが最大の長所だし、とくに現代劇の場合、予期せぬものがカメラに入ってきてシーンに現実感が加わることも魅力なんだよ。例えば駅構内や市街の雑踏などがリアルに撮れるという面で、スタジオではなかなか出せない味わいになるしねえ」

『８９３愚連隊』や『狂った野獣』など中島監督の代表作では、市街地でのロケがドキュメントタッチの映像を作る上で効果をあげていることがよくわかる。

「僕が監督になった頃、東映京都撮影所では時代劇しか撮っていなかったから、現代劇のセットを作る技術はまったくなかったんだよ。しかたなく撮影所の建物自体を使って撮ったりしたくらいだから、ロケ

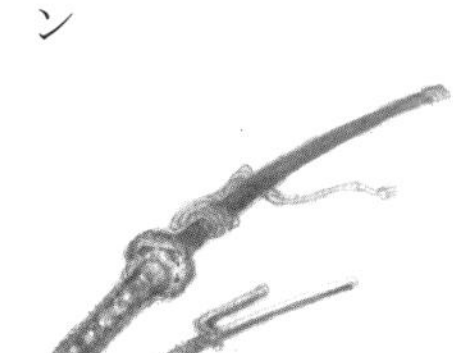

中心にならざるを得なかったんだけど、それが結果的によかったわけだね」

スタジオ撮影よりもロケを重視する理由として、予算上の判断もあるのだろうか。

「もちろん予算面を考えると京都周辺の近場でのロケはスタジオで一からセットを作るよりも安上がりなんだけど、遠出でロケをする場合、宿泊費や交通費、機材の運搬経費などが必要になれば却って割高になることもあるから、どちらが安価だとは一概に言えないね」

次にロケハンはどんなメンバーで行われるものかたずねてみた。

「一般にはキャメラマンや照明係には必ず同行してもらう。いくら最適な被写体があっても、キャメラ・ポジションが確保できなければ撮影できないからね。また美術監督も一緒に行ってもらうケースもあって、ロケといえどもありのままの被写体だけでなく、それに手を加えることで映像がグッとよくなることもあるんだ」

さらには助監督や製作主任たちが同行するから結構大所帯での仕事となり、しかも作品によっては長期のロケハンが必要になることもあったと中島監督は言う。

「自然風景を中心にした映画では、ロケ地の良し悪しが大きく影響するから、最適のロケ地を探すのに苦労するんだ。僕の監督作品を例にあげると『瀬降り物語』の場合、日照時間を考慮したり四季の移り変わりを効果的に取り入れたいと思ったものだから、ロケハンには1カ月もかかったよ。四季の中でも雪のシーンは結構難しくてね、同じ積雪でも当然地域によって違うから、『犬笛』のロケハンでは北海道サロベツ原野まで行ったよ」

また自然景観を撮る場合だけでなく、時代劇で歴史的建造物を使うロケでも難しい問題があるようだ。

「京都では寺社仏閣に事欠かないんだけど、国宝や重要文化財などの建物内部へは照明が一切持ち込めないからロケは限られてしまうし、屋根全体を俯瞰してそのまま室内を撮れる場所を探すのが大変なんだ。最適なロケ地をあちこち訪ね歩き、撮影させてもらえるよう頭を下げてまわるのもロケハンの仕事かな」

ここで中島監督は助監督時代のロケハンにまつわる思い出を語ってくれた。

「時代劇全盛期の先輩監督にはそれぞれがよく使う得意なロケ地があってね、同じ場所で撮るとどうしてもその監督タッチの映像になってしまうので、少しでも違ったロケ地を探したものだよ。それで思い出したのは僕の師匠・今井正監督と一緒したロケハンのことだ。『武士道残酷物語』の助監督に付いた後、次回作『仇討』撮影準備のために『出来るだけたくさんの場所を見せて欲しい』と今井監督に言われて、2週間ほどかけて西日本のあちこちを二人して車で周り、車中でいろんな話をしたのがいい勉強になったんだ」

最後に映画全盛期に潤沢にあった自然風景や歴史的景観が、高度成長や都市化によって急激に失われてしまい、ロケが困難になっている状況についてもたずねてみた。

「現在は製作費との関係で何でもかんでもロケで撮ればいいという傾向があり、時代性や地域性を無視した使い勝手のいい場所での安易なロケが、作品のクオリティーを低くしてしまっているんじゃないかなあ。京都を起点に探せばまだまだロケ地はあるから、やはりロケハンの努力は重要なんだね」

中島監督の最近作『多十郎殉愛記』のラストシーンのロケ地となった東近江の瓦屋禅寺は、おそらく初めて使われた場所ではなかったかとあらためて気づいた筆者であった。

7　製作準備あれこれ③　衣装しらべ、小道具揃え

これまで被写体を選ぶ仕事としてキャスティングやロケ・ハンについて聞いてきたが、衣装や小道具などは選ぶだけでは済まず新たに作る必要のある被写体でもあると言えるだろう。次に製作準備で必要不可欠な衣装や小道具の準備について中島監督にたずねることにした。

「衣装準備の仕事はとくに『衣装しらべ』という言葉で呼ばれているくらいだから、それだけ映画づくりにとって重要でかつ大変難しいものでね。とくに時代劇の場合は時代考証が当然ながら必要だし、一口に時代劇と言っても王朝、戦国、江戸初期、元禄、幕末など時代区分によって大きく変わるものなんだよ。さらには身分・地位や職業だけでなく、それぞれ時や場所によって着る物は異なっているので、まさに衣装を調査・研究することから始めるというわけだよ」

では時代劇に比べて現代劇の場合は「衣装しらべ」が容易かと言えば、これはこれで厄介な問題があるのだと言う。

「同じ背広でも生地や材質によって着る人物のイメージが全然違うという意味では、時代劇と同様のことが求められるんだ。また時代劇で使う着物類は寸法直しが比較的簡単なんだけど、現代の洋服の場合は俳優の体形にピッタリ合ったサイズが必要になるので、いわゆる『使い回し』があまりできなくて、結果的には意外に衣装代がかかるんだよ。いくら現代の洋服と言っても、俳優たちが個人の服をそのまま撮影に持ち込むことは絶対にないんだ。汚すわけにはいかないし、衣装に着替えることで俳優が気持を切り替

えることにもなるしね」

そして時代劇・現代劇にかかわらず、「衣装しらべ」で求められる重要なポイントがもう一つあると言う。

「それは出演者の衣装のバランスの問題なんだ。例えば主人公とそれにからむ相手役とのそれぞれの衣装が、画面上で絵画的・色彩的にうまくバランスがとれているかを考える必要があるし、同様に出演者たちの衣装とそのシーンでの背景とのバランスも考慮しなければだめなんだ」

それらを考えると、「衣装しらべ」というのは撮影準備過程でもエネルギーを要する一大イベントと言えるのだろう。

「登場人物にどのような衣装を着せるかは人物描写にとって極めて重要だし、とくに表情アップを中心にしたテレビと違って全身が映る映画では細かい神経を使わないといけないんだ。だから衣装を通してキャラクターづくりについて俳優と十分にすり合わせをすることも出来るから、衣装合わせは原則として監督が立ち合って決めることになっているんだよ」

東映京都撮影所には時代劇専門の衣装担当がおり倉庫には膨大な衣装が備えられていたが、全盛期には1本の映画のために新たに衣装を作ることも決してめずらしいことではなかったようだ。

「右太衛門御大の『旗本退屈男』シリーズなんかはその典型だったなあ。出来合いの反物からではなく染めや織から作ることもあったんだけど、そんな衣装代も当時の興行収入からみれば十分採算がとれたということだろうね。僕が監督した『大奥㊙物語』はそれまで描かれたことのない大奥ものだったので、衣装部の手持ちだけではとても足らなくて、打掛けだけでも20着ほどは新たに作ってもらったんだが、1着100万円の物もあって、新人監督にしては贅沢に衣装代を使わせてもらったなと今になって思っているよ。まあこれも伝統産業が身近にある京都だから出来たことなんだろうけどね」

こうふりかえる中島監督に、衣装以外に必要となる小道具のことを聞いてみることにした。

「小道具も衣装と同じように時代性・地域性などを考慮して準備しておくことが求められるのは言うまでもないことでね。この小道具準備は助監督の重要な仕事の一つで、小道具係を動かして撮影前に揃えておくんだが、これもどんな監督につくかによって要求度が違ってくるんだな。例えば、僕が助監督に付いた田坂具隆監督の『親鸞』の時なんか、経文を調べるのにお寺廻りまでさせられたからね。実際にそこまで撮られるかどうかわからなくても、きちんと揃えておくことが求められるわけだよ。僕が撮った『序の舞』では日本画を描くための道具類を揃えてもらったんだが、『あの監督は少々うるさいぞ』と思わせておくことも必要だったかな」

撮影現場で急に監督が要求する小道具を探して走り回ることもあったらしい。

「撮影所内の小道具倉庫にある物はすぐに用意できたけど、そこにないとわかると当時は北野天満宮近くにあった高津商会の倉庫まで車を走らせたことも何度かあったよ。しかし今は衣装や小道具にそこまでこだわるような映画づくりは残念ながら出来なくなっているのではないかなあ。ましてや1本の映画のために衣装や小道具を新調するのに高額の予算がかけられないのも厳しい現実だし、それだけ映画のクオリティーが低下せざるを得ないのかも知れないね」

8　製作準備あれこれ④　美術（セットデザイン）

ロケーションが被写体を選ぶ仕事であるのに対して、スタジオでの撮影のためには被写体を作ることが必要となる。この被写体を作る最大の仕事がセット作りであり、これを担うのが美術監督だ。製作準備のまとめとしてスタジオ撮影に焦点をあてながら、セットデザインを中心とした美術監督の仕事について中島監督から興味深い話を聞くことができた。

「かつて全盛期の東映京都撮影所には、時代劇撮影のために古い建物や街並などを再現する技術・経験やセンスをもった専門スタッフがたくさんいたんだ。例えば内田吐夢監督と組んで存在感ある仕事をしていた鈴木孝俊という美術監督や当時その助手を務めていて後に僕と一緒に仕事することになる井川徳道たちがセットをデザインして、大道具係に指示してセットを作っていたわけだね」

ここでロケーションと比較してのスタジオ撮影の特徴についてまずたずねた。

「俳優の細かい芝居を時間かけてじっくり撮るには何と言ってもスタジオが有利なんだ。あえて屋外の空気や自然光の下で俳優の演技を引き出すという場合もあるんだけど、やはりスタジオの方が集中できるからね。また天候に左右されずにライティングをさまざまにコントロールできるし、キャメラ・ポジションが自由に決められることが映像づくりの上で重要なんだよ」

では映画の各シーンをスタジオ撮影にするのかそれともロケーションにするか、この判断は一般にどの

段階でされるものなのだろうか。

「僕自身がシナリオを執筆する場合には、書きながらこのシーンはどちらでいけば効果的な映像が得られるのかを考えていっているかなあ。他の人が書いたシナリオでも映像を思い描きながら読んでいるから、どちらで撮った方がいいかをある程度その時点で判断しているように思うね」

中島監督のデビュー作品である『くノ一忍法』が当時の東映として異色の時代劇と位置づけられたのは、これがオールセットで撮られたという点もその要素の一つであったのかも知れない。

「山田風太郎原作の荒唐無稽な小説を映像にするには、リアリズムを離れて描くことが必須だと考え、そのためにはセットそのものを思い切って様式化しようと思ったわけなんだ。助監督時代から沢島忠監督の仕事を通して親しくなっていた井川徳道なら僕のねらいを理解した上で、面白いセットデザインをしてくれるだろうと思い彼に頼みたかったんだけど、他の監督の仕事に彼を取られてしまって実現できなかったことは今でも残念に思っているんだよ」

オールセットで取り組んだ『くノ一忍法』で監督デビューを果たした中島監督だが、皮肉にもその後はリアルな映像表現を求めてオールロケーションで撮った作品がいくつもあるから面白い。

「とくに『893愚連隊』は、東映京都撮影所としても珍しい現代劇だったので、スタジオ撮影しようにも現代劇用のセットを作れる人がいなかったことも原因で、結果的にオールロケの利点を活かすことができたんだろうな。その後に撮った『狂った野獣』や『瀬降り物語』などもセットではとても映像化できない作品だったからね」

とは言えロケーションとスタジオ撮影が当初の予定から変更されることもあったと言う。

「僕が助監督に付いた今井正監督の『武士道残酷物語』の長岡天神馬場でのロケ現場で、準備が整ったところで『このシーンは人物の表情などを細かく撮りたいから』と今井監督が突然言い出して、急遽スタジオ撮影に切り替わったことも忘れられない思い出だよ。逆に僕が監督した『やくざ戦争 日本の首領』ラストでの病室のシーンでは、佐分利信の芝居をセットで撮っていたんだけど、彼が病室のブラインドを開けて夜明けの街を見るシーンがどうしても撮りたくて、大阪のビル屋上に病室のロケセットを組んだこともあったしね」

セットデザインの具体的事例についても聞いてみた。

「監督としてどういう映像を求めているかを美術監督と十分打ち合わせしてセットを作ってもらうことが重要でね。例えば『序の舞』では、明治末から大正にかけての御幸町通の街並を再現して、しかも背景に山並が見えるようにしたかったから、井川徳道のデザインで三条有栖川に北山が望めるオープンセットを建設したんだ。これには建売住宅1軒分以上の建築費がかかったんで、当時の岡田茂社長に怒られたものだよ」

こう言って笑う中島監督だったが、一方で現状の問題点についてもつけ加えた。

「現在は製作費の制約もあって手近なところでロケをしたり安易なセット撮影になるものだから、作品の時代性や地域性が軽視されがちになってしまっているように思うよ。また技術進歩でキャメラの感度が格段によくなっているためごまかしが効かず、セットだけでなくあらゆる被写体が『つくりもの』に見えてしまうという新たな難しさが出てきているのではないだろうか」

9　撮影にあたって①　演出

「衣装・小道具からセットデザインまで、製作準備にはあれこれの仕事があるんだが、それらが100%完了していなくても、90%程度終わっていれば撮影を開始することにしているよ。いくら製作スケジュール管理が万全であっても、撮影中にさまざまな突発的出来事が起こることもあり得るので、それに適宜対処できなければ監督業は務まらないものだからね」

さていよいよクランクイン、撮影の話に移るが、まずはその前提となる「演出」について聞かせてもらうことにした。

「そもそも劇映画というのはすべてが広い意味で演出されたものなんだけど、撮影段階で被写体を作っていく中で俳優にどのように演技をさせるかという狭い意味での演出があるんだ。この演技の演出というのは、監督にとって撮影段階での最もウエイトが高くエネルギーを要する仕事と言えるだろうね」

撮影現場での俳優のセリフや動きに対する演出については、古今東西さまざまな監督がそれぞれの方法で行っているものだが、中島監督の演出ではいかなることに力点がおかれるのだろうか。

「個々の俳優の演技イメージの大切さは言うに及ばず、僕が最も重視しているのは何と言っても俳優同士のアンサンブルだろうね。お互いのリズムがうまくかみ合うことが重要なわけなんだが、心地よいアンサンブルが取れる俳優と取れない俳優がいるものなんだよ。ただしアンサンブルを取るとは言っても、あくまでも俳優の持っているものをいかに引き出すかが監督の演出力なのだから、手取り足取り細かい指示

を出してこちらの考えをおしつけてしまうようなら、監督としては『負け』だと思っているよ。あまり難しい理屈を言って俳優をわからせようとしてもダメで、やはり本人をその気分にさせることが大事だからね」

このような演出手法は師匠であるマキノ雅弘監督から教えられることが多々あったと中島監督は述懐している。

「マキノの親父は撮影現場で周囲をその雰囲気にまき込むのが上手くて、役者がやりやすいようにもっていく場面を僕はしょっちゅう見てきたよ」

一方で俳優のもつ演技プランをどう活かすかという問題についても触れてみた。

「当然ながら俳優たちからもいろいろアイディアが出されてくるから、その意見を取り入れることもあるんだよ。ただそれがこちらの考えと合わない場合は排除せざるを得なくて、撮影をストップしてでも俳優を説得する必要もあるし、撮影現場でもめるのを避けて事前に十分意見交換しておくこともこれまでにはあったかなあ」

監督の仕事として調整能力が求められる理由は、このあたりにも見出せるのかも知れない。実際の撮影にあたっては俳優だけでなくすべてのスタッフとの調整が、監督にとって重要な意味をもつことは間違いない。例えばスタッフたちにショットごとの撮影イメージを伝える方法として「絵コンテ」というものがあるが、中島監督の場合はどうなのだろうか。

「監督が絵コンテを描き撮影時に視覚的意図を示すことで撮影スタッフが段取りがしやすくなり、効率的に撮影がすすめられるという利点は確かにあるんだけど、その反面で絵コンテに限定されてしまいイメージが小さくまとまってしまうマイナス面が大きいんだ。俳優の芝居のふくらみや意外な可能性を排除してしまう危険性もあるし、それだけでなく各スタッフに対して創造性が求められなくなり、結果として彼らにとって仕事自体がつまらなくなるという欠点をもつんじゃないかな」

このような考え方から絵コンテを描かない中島監督の考えには、映画素人の筆者をも納得させるものがある。

「さらに言えば被写体は実際に動いてみないとほんとうの流れがつかめないものだと思うよ。被写体の動きをきっちりつかんで初めてねらうべきショットが決まるわけで、例えば、ここはクローズアップにするか、それともロングショットでいくかなども、撮影現場でキャメラ・ポジションやライティングを決め俳優の話し方や立居振舞を見ることで、最適な判断ができるんだ」

こうして決めたショットを得るために撮影に臨むわけだが、すぐさま本番とはならずリハーサルが行われるのは言うまでもないことだ。

「俳優やスタッフにあまり緊張感をもたせないように、僕は出来るだけ気楽な雰囲気で『じゃあ、一度やってみようか』と言った感じでリハーサルをすることにしているよ。リハーサルを2~3回やってみて、俳優たちの気分が乗ってきたところで『本番！』の声をかけるんだが、このタイミングを見計らうのが長年の経験からくる勘みたいなものなんじゃないかな。だから本番でNGを何度も出しながら、具体的な指示もせず『もう一度、もう一度』と繰り返すのはあまり良い演出方法とは言えないと僕は思っているよ」

これらの言葉には60本以上の作品を撮ってきた中島監督ならではの確信が強く感じられた。

10 撮影にあたって② キャメラ・照明

幼い頃から真如堂や黒谷でしょっちゅう時代劇映画のロケーション現場に遭遇し長時間眺めていた筆者にとって、中島監督の語る撮影についての話はことのほか興味深いものだ。キャメラ、ライト、レフ（反射板）をはじめさまざまな撮影機材を駆使して動き回るたくさんのスタッフたちの姿を思い浮かべながら中島監督の話を聞き続けた。

「リアルな映像を求めるなら出来るだけ自然光で撮るにこしたことはないんだけど、屋外ロケーションで光量不足を補うために照明を使う場合には、電源を電柱のトランスから直接引いたり発電機を運んで行ったりして結構大変なことなんだよ」

その後、感度の良いフィルムが開発されることで撮影条件も変わっていったために、撮影前にフィルム・テストをすることが必要になったと言う。

「僕が監督デビューした直後あたりからフィルム感度がどんどん良くなってきて、フィルム・メーカーから新しいフィルムが持ち込まれるたびにフィルム・テストをするようになっていったんだ。オールロケーションで撮る方針だった『893愚連隊』では、当然ながら夜間撮影もあり得るから、あらかじめ四条大橋下の河原でフィルム・テストをやってね。従来のフィルムでは細部まで映らなかったのに、新しいフィルムを使ったらハッキリ映ったことをよく憶えているよ」

フィルムだけでなくレンズ性能も日進月歩で良くなり、さらには近年のデジタル化によって撮影条件は

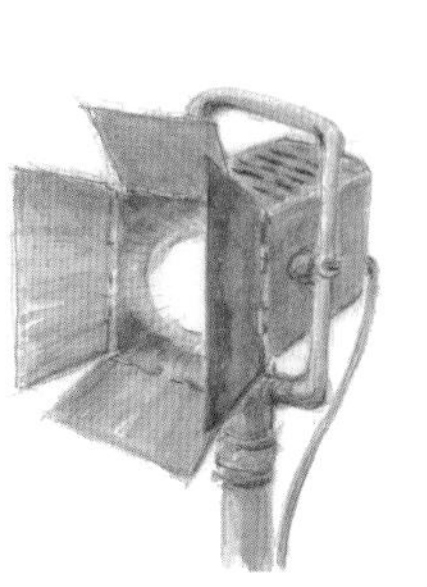

大きく変化しているのではないだろうか。

「デジタル化が映画の世界を大きく変えていっているのは事実とは言え、映画の本質が『写真の芸術』であることに変わりないからね。その意味ではやはり映画撮影にとって、キャメラが重要であることは間違いないことだと思っているよ。何と言ってもキャメラが観客の眼になるわけだから、被写体がキャメラにどう映るか、実在感ある映像になっているかが映画づくりの基本中の基本なんだ」

撮影現場で自らキャメラをのぞき込む監督や複数台のキャメラを同時に回させる監督もいるようだが、中島監督の場合はどうなのだろうか。

「僕自身ではキャメラをのぞかないことにしているよ。キャメラ・ポジションを決めた時点で映像は頭に入っているし、後はキャメラマンの技術を信頼し、彼らの感性が発揮しやすいようにリードするのが監督の仕事だと思っているよ。もちろんこちらのねらいをよく理解出来る気心の知れたキャメラマンと仕事をするようにしているけどね。また僕の場合、基本的にキャメラは1台で撮ることにしているが、撮り直しが出来ない大規模な戦闘シーンや激しいアクションシーンなんかは念のために複数キャメラで撮っておくことにしているんだ」

キャメラの機能アップが撮影現場に影響を与えてきたことについても続けて聞いてみた。

「レンズの改良やキャメラ本体の軽量化などどんどん技術進化したことが撮影現場を大きく変えていったのは明らかなことだね。小型の手持ちキャメラでアクティブな臨場感ある撮影が可能になり、僕もドキュメンタリー映画では使ったものだけど、キャメラマンによっては必ずしも小型化を好まず、大きく重たいキャメラの方がどっしりと構えられて使いやすいという考えもあるんだよ」

キャメラマンの仕事と照明が密接に関係していることは言うまでもあるまい。

「かつて露出計のない時代にはキャメラマンの職人的な勘で撮られていたが、僕が映画界に入った頃にはすでに反射光式露出計が撮影時の必需品となっていたから、キャメラマンの求める光量を俳優の顔にあてられるようにライティング・スタッフが準備することになる。だから移動撮影の場合はライティングが難しくて、キャメラマンとライティング・スタッフの息の合った仕事が重要なんだが、これも近年はキャメラ性能の進歩によって容易になりつつあるんだよ。かつてカラー、シネマスコープが導入された全盛期の撮影現場には、ライティング・スタッフだけで12～13人はいたものだよ。技術的に見ればそれだけの人数が必要だったわけだけど、その後の技術の進化によって必要人員が徐々に減っていき、一番最近撮った『多十郎殉愛記』では4～5人だったかなあ」

あれこれの撮影準備から始まり、撮影現場でのさまざまな仕事についての話を聞いてきた中で、映画監督に求められる調整能力の意味をもう一度たずねてみた。

「このように映画撮影のためには、たくさんのキャスト・スタッフたち各人が持つ才能や技術を一つに結集しなければならないんだ。だからこそそこから生み出されたものを集約する最終責任を負わなければならないのが映画監督なのだとつくづく思うんだ」

こう結んだ中島監督の言葉を聞きながら、撮影現場というのはまさに映画が総合芸術であることの証しの場なのだという感慨を新たにした筆者であった。

11　仕上げ（編集・ダビングなど）

ここでは筆者たち映画ファンが大いに興味を持ってはいるものの、最も知る機会の少ない編集・ダビングなど撮影後の映画仕上げプロセスについて、中島監督から聞かせてもらうことにした。

「撮影後に現像した未編集フィルムのことをラッシュと言うんだが、まずこれをすべて見て映像として意図したものがきちんと撮れているか、また不必要なものが映り込んでいないかをチェックするんだ。撮り直しなどが起こると大問題となるから、通常は撮影に関わった各部のスタッフも立ち会うことになっているんだよ。90分程度の映画をつくるために多ければその2〜3倍の長さのフィルムを見ることもあったけど、思い切って棄てる判断も必要だと思うね」

こうしてチェックされたフィルムが編集に回されるわけだが、ここからサウンドのダビングという仕事が加わることになる。

「僕が入社後、助監督を務めていた5年の間に録音技術だけでなくサウンドの果たす役割自体がかなり大きく変化したように思うなあ。かつては映像と音をカチンコを打つことでピッタリ合わす必要があったんだけど、これが機器の進歩で容易になったこともその一つなんだよ。ただし俳優には撮影時にカチンコの音で演技に気持が入るという習性が残っているようで、今でもカチンコを打つことになっているんだね」

サウンドのダビングには大きく分けて三つのパートがあり、その一つ目がダイアローグだ。

「これは言うまでもなく俳優の会話部分のことで、撮影時の同時録音が一番好ましいことなんだが、屋

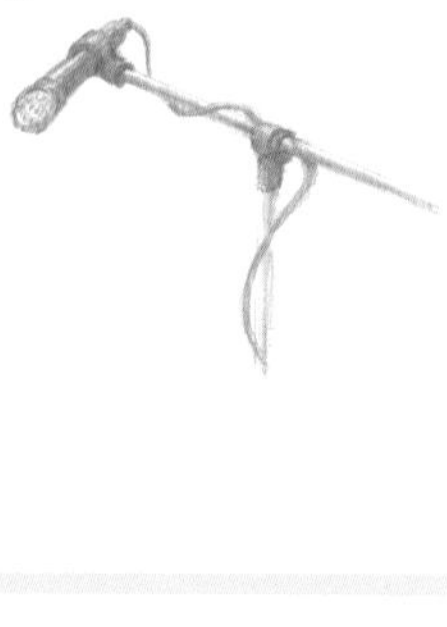

外ロケーションではセリフの微妙なニュアンスがすべて拾い切れないことがあるので、アフレコ（アフター・レコーディング）と呼ぶ別録りをすることになるわけだ。また複数の俳優の会話では、それぞれの録り直しが必要になる場合を想定して、念のため別々に収録しておくこともあるんだ」

次の二つ目には動作音や背景音がある。

「これらは広く現実音と呼ばれるもので、俳優たちの動作音だけでなく周囲に溢れている雑多な音を入れることによって臨場感を盛り上げ、映像にリアリティーを与えることになるんだ。ただしこれも同時録音にこしたことはないんだが、屋外ロケではダイアローグと混ざってしまい、必ずしも実在感ある音として拾えないから、別録りしておいて編集時点でダビングすることも多々あるんだよ。また映像を際立たせるために特殊効果音で強調することも録音スタッフの重要な仕事と言えるかな。全盛期の時代劇での様式化したチャンバラには不必要だったのに対して、現在ではあれこれ工夫した効果音が入らないと殺陣の迫力が引き立たないのもその一例だね」

そして三つ目は音楽だが、ここにも時代変化が多く見られると中島監督は言う。

「僕が映画界に入った頃の東映では音楽がさほど重視されていなくて、チャンバラシーンになるとお決まりの剣戟音楽が使われていたし、任侠路線でもクライマックスに主題歌が流れるというワンパターンだったんだ。しかし徐々に音楽の重要性が認識されるようになり、使われ方はまちまちだけど音楽の位置づけは大きくなっていったのは間違いないし、僕は早くから音楽を多く活用してきたと思うよ。初期監督作品では山本直純と組んで挿入歌を面白く使ったし、荒木一郎に安上がりだが現代感覚溢れる軽快な音楽を作らせたしね。逆に『日本の首領』シリーズでは重厚なムードを出すべく黛敏郎に作曲依頼し、オーケストラ演奏を収録するために東映録音ルームでは狭くて東宝スタジオを借りたことまであったんだよ」

早い時期からデジタル化されたサウンド部門に比べて、映像部門ではアナログ期間が長く続いたようだ。

「かつての映像編集というのは、まさにノリとハサミでのフィルム切り貼り作業だったんだ。当時は東映創成期から活躍した宮本信太郎という編集マンがいわゆる勧善懲悪の東映調に仕上げていたんだけど、全盛期以降は個性的な監督がそれぞれの持ち味を活かすようになって、編集は監督の意図に沿ったものに変わっていったんだ」

ここで中島監督にとっての編集手法についてたずねてみた。

「僕の場合、どういう順番でショットをならべるかというイメージは撮影中に出来上がっているんだけど、編集段階で大きく変えることもあったかな。ただシーンのつなぎ方にはオーバーラップやフェイドアウト・フェイドインさらにはワイプという手法もあるが、これらは下手をするとメロドラマ風になりがちなので、僕はほとんど使わず映像としてメリハリの利くつなぎ方を心掛けていたかなあ」

仕上げ過程だけでも、中島監督が経験したこの60年余の間に大きな変遷が見られたし、さらには多様なデジタル合成技術の導入が映画を大きく変えたのは事実だろう。ともあれ、こうして仕上がった映画作品は、いよいよわれわれ映画ファンが待つスクリーンで上映されることになる。

12　試写・宣伝から公開へ

「クランク・アップ（撮影終了）後の編集・ダビングなどの仕上げプロセスを経て、ようやく1本の映画が完成することになるんだけど、厳密には試写を見るまで監督として手を離すことは出来ないものなんだよ」

中島監督はこう切り出した。

「この試写というのは、まず製作関係者だけが完成作品を初めて見ることになるわけだから、監督にとっては最終チェックの意味で見落としがないか全神経を張り詰めていなければならないんだ。めったにないことなんだが、この時点でどうしても直しておきたくなって、例えばフィルムを数コマ切ったりすることもあり得るからね」

こうしてやっと監督の手を離れて出来上がった映画は、一般公開の前に「試写会」で披露されることになる。

「これは同じ試写という言葉は使われているけれども、各種団体やマスコミ・評論家などを対象に行われる宣伝イベントとしての意味が大きくて、ここからは会社宣伝部の仕事に移ってゆくことになるんだ」

ここで映画の宣伝というものについて、少しまとめて聞いておくことにした。

「映画の宣伝は、製作宣伝と上映宣伝とに大きく分けられるんだよ。製作宣伝は『こんな映画が現在撮られていますよ』という言わば宣伝の第一段階にあたるもので、監督をはじめとした製作意図に沿って京

都撮影所が主体となって行う仕事なんだね。だから本編が出来上がる前に劇場で流すために助監督の手で作られる特報や予告編なんかもこの宣伝の一つと言えるかな。これに対して上映宣伝は東映本社宣伝部の担当業務に移り、完成した映画公開に向けてどう観客動員を図るかを目的に行われる仕事になるわけだ」

このあたりの事情も映画全盛期と今日では大きく様変わりしていることは言うまでもないことで、とりわけプログラム・ピクチャーとして製作されていた時代には、封切劇場も上映スケジュールも映画作品が出来上がる前にすべて決まっていたと言う。

「かつては例えば年末年始やお盆、あるいはゴールデンウイーク向けの作品など封切期日までがわかっていて撮影に入っていたわけだからね。現在では製作主体が映画会社から離れているため、配給システムがまったく変わってしまっており、映画作品が出来上がってから上映宣伝がスタートするという感じになっているんだ。しかも公開出来る劇場数が現在では全盛期の約半分に減少していることも大きな違いだなあ」

こうして一般公開された映画を、監督自身は映画館で観客の一人として見るものなのだろうか、ふと興味をもって聞いてみた。

「若い頃はよく見に行っていたね。当然一般観客のことは気になるもので、こちらの意図したところをどう感じてもらえるかを含めたナマの反応が知りたくてね。映画館の客席にいると、観客の呼吸で映画への評価がよくわかるものなんだよ。もちろん新聞などマスコミが記事として取り上げることもあるんだけど、これは上映案内の要素が大きいし、何よりも記者と観客とでは目線や感じ方がまた違うものだからね」

いわゆる映画評論に対して監督はどう考えるものだろうか。

「新聞記事に比べると雑誌に取り上げられる場合は、映画評論家による批評としていちおう目を通すようにはしていたかなあ。最近は映画評論家と言われる専門家が少なくなっているんだが、映画雑誌そのものがどんどん廃刊になっており、彼ら書き手の働き場所がなくなっているわけだから、まあ仕方ないことなのかも知れないね」

ここにも映画全盛期とは異なる映画をとりまく厳しい状況があるが、その一方で封切時に劇場で見るだけでなく、劇場公開とは別にテレビ放映やＤＶＤ化あるいはネット配信など、現在では映画を見る手段自体が多様化していっていると言えるのだろう。

「作る側としては大画面を想定して映像を作っているものだから、やはり映画は劇場でたくさんの人と一緒に見てもらいたいと思うんだけどね。ただし作る側にも少しずつ変化があって、最近ではＳＮＳで見られることを意識している監督も出てきており、今後ますます多様化するのは仕方がないことなのかなあ」

中島監督が映画界に入った全盛期以降60年余年を経て、じっくり映画を楽しむ時間がなくて「早送りで見る人」さえいる見る側の事情と、これまで聞いてきたデジタル化をはじめ驚異的な技術革新による作る側の事情がこれからの映画界をどう変えていくのだろうか。

「20世紀は映像の世紀であったと言われるが、じゃあ21世紀はどうなるのか、正直言って僕にもわからないね。ただ時代を逆戻りできない以上、新たな技術水準の中でどうしてゆくかの工夫が必要となることは間違いないことだし、牧野省三が残した言葉『一スジ、二ヌケ、三ドウサ』にあるとおりシナリオの重要性は今も変わらず、そこから映画づくりへの夢は続いてゆくものだと思っているよ」

中島監督は希望を感じさせる言葉で結んだ。

スケッチ紀行／中島監督の故郷を訪ねて

房総への旅に出た。一時、長女が住んでいたので千葉にはこれまで何度か来る機会があり、スケッチ目的で佐倉、佐原、稲毛海岸、養老渓谷などを訪ねたこともある。ただ外房線に乗るのは今回が初めてで、東金市を中心に九十九里浜、さらには銚子電鉄に乗って犬吠埼まで足を延ばすことになった。

東金は中島貞夫監督の故郷だ。この間、中島監督の映画人生60年をふりかえる聞き書き記事を新聞に連載してもらっていたが、中島監督の話題には映画界に入る以前、東金での思い出にふれることが度々あった。生まれ育ち多感な思春期を過ごしたかけがえのない故郷であれば当然のことだろうが、中島監督にとってはそれだけでなく、戦中から戦後へ教育制度改革の波に翻弄されながら、社会の価値観の大きな転換を肌身で経験した世代の貴重な痕跡をとどめる地でもあった。日比谷高校への進学を機に故郷東金を離れ、東大卒業と同時に東映入社、京都へ移り住んだ。その後、急激に衰退に向かう映画界を支え今日まで京都を拠点に63本の監督作品を撮った中島監督の人生を知る上で、どうしても一度は東金の町を僕自身の目で見ておきたかった。

コロナ感染拡大第3波が懸念される２０２０年11月初旬、東京駅から京葉線、外房線を乗り継いでＪＲ東金駅に下り立ったのは昼下がりだった。東金はかつて銚子道の要衝として商業で発達した町で、駅東口は国道１２６号線に向かって市役所やショッピングモールを中心に都市化がすすんでいるが、西口周辺はバス発着所や交番など昭和の駅前風景が残っていてホッとする。西口のすぐ近くを通る旧東金街道（県道１１９号線）には古い商店や神社など郷愁を覚える佇まいが続き、ぶらぶら歩くと秋の穏やかな陽ざしが

東金市上宿の中島監督生家

心地よい。あらかじめ教えてもらっていたとおり、この沿道の上宿という町の一角に中島監督の生家が建っていた。かつて糀や味噌を作る醸造業を営んでいたという立派な商家造りの建物だが、近年の地震で一部倒壊したのを機に改築され、今は中島監督の膨大な書庫として使われている。明治20年代建築当時の雰囲気を残す生家の外観を、旧街道風景と併せてスケッチさせてもらうことにした。

　生家からほど遠くないところには、中島監督が少年時代によく遊んだと言う火正神社がある。ここの祭礼の子供神輿の前に立つ中島監督8歳の写真が残っているが、1942（昭和17）年、前年の真珠湾攻撃に始まった太平洋戦争下、貞夫少年はその胸にどんな将来の夢を抱いていたのだろうか。そんな思いにふけりつつスケッチする僕を、鳥居と石段の奥で見事にいろづいた御神木の大銀杏が静かに見下ろしていた。

　ところで「東金《とうがね》」という地名は「鴇ヶ峰《ときがみね》」に由来すると言われる。旧街道を見下ろす小高い峰が鴇の頭の形に似ているところから、こう呼ばれはじめたらしい。その「鴇ヶ峰」に抱かれるように周囲1キロほどの八鶴湖がある。紅葉が映り込む水辺の周囲を歩くと、中島家の菩提寺である最福寺があ

生家近くの火正神社

る。湖岸から古刹をスケッチしているうちに午後4時になり、早い東国の日の入り時刻が近づき徐々に冷えてきたので、スケッチ用具を片付け、湖畔に建つ古い旅館「八鶴館」に向かった。実は東金を訪ねるにあたって、この1885（明治18）年創業の老舗和風旅館についても少し調べていた。隣町の成東出身の伊藤左千夫をはじめ島崎藤村や北原白秋ら文人も泊まったことがあると書いてあったので、料金次第では思い切って泊まるつもりでいたのだ。ところがわくわく気分で数寄屋造りの豪壮な旅館へ近づいてみると、入り口の硝子戸に白い張り紙がされており、「コロナ感染のため当分の間休業」とある。何やらガッカリ半分ほっとしている複雑な心境であった。

しかたなく東金駅へ戻り駅員さんにたずねると、国道126号線沿いにビジネスホテルがあるとのことだったので、東口からの大通りをぶらぶらと歩き出した。ふりかえると西の空が夕陽で光輝いている。周辺を山で囲まれた京都盆地で暮らす僕にとってこれだけ広い空を眺めることは久しぶりであり、ましてや空いっぱいの大きな夕陽には思わず息をのむほどであった。15分ほど歩いて見つけた小さなビジネス

八鶴湖

ホテルに低料金の部屋を得た。その日の夕食はコンビニのおむすびで済ませ、ついでに翌日の朝食用サンドイッチも買い込んでおくいつもの一人旅パターンとなってしまった。

翌朝、7時半にホテルを出て、8時すぎに駅前から発車するバスで九十九里浜をめざした。バスは田園地帯をぬけて走ったが、始発からの乗客は僕以外にもう一人だけ、途中での乗り降りが少しあったものの、海岸近くの不動堂停留所で僕が下車すると乗客はゼロに。運転手さんは親切で復路のバス時刻までアドバイスしてくれた。

海岸へ出ると早朝の秋晴れの空の下、雄大な太平洋が広がっており、なだらかな曲線を描く砂浜は果てしなく続いて見える。1里を4キロとすれば九十九里は何と396キロに及ぶ計算となるが、実際は全長66キロとのこと。なんでも1180（治承4）年の石橋山の合戦で敗れ房総へ逃れた源頼朝が、砂浜の1里ごとに矢を立てさせ99本で活路を見つけたという故事を起源とするらしいが、これはどうもあやしい。

中島監督の思い出話によると、太平洋戦争末期、東京空襲に向かうアメリカ軍爆撃機が九十九里浜から飛来してきたが、東京が目標なので途中で爆弾は落とさないと安心して見

九十九里浜

上げながら敵機を数えていたようだ。逆に東京から帰る爆撃機が相模湾から飛んでくる時は逃げなければならず、とくにB29を護衛している艦載機グラマンの機銃掃射を怖れていたとのこと。また米軍上陸の最有力候補地が九十九里浜だったので、小学校に九十九里防衛目的の兵団が駐留しており、中島監督たち小学生も竹槍訓練を欠かさなかったと言う。

このような戦時エピソードを感じさせないほどのどかな砂浜で、スケッチブックを開いた。まず東端の旭市屏風ヶ浦に向かって描いてみたが、かすかに見えるのは刑部岬の灯台だろうか。つづいて同じ場所から西を向いて、いすみ市の太東埼まで続いているという海岸線を描いたが、いずれも砂浜の長大さや海の広さが表現できない絵筆の未熟さを思い知った。

とにかく描き終えて、海岸を離れバス停留所で往路の運転手さんが教えてくれた3時間に1本のバスを待つことにしたが、到着予定まで30分近くあったので、バス停近くの広々とした田園地帯を散策した。中島監督の遠い記憶では、駅から東側は九十九里浜まで何もない田畑がつづいていたということだが、今も防風林に囲まれた田畑はススキが風になびく心

犬吠埼

魅かれる自然風景であった。
昼頃に東金駅へ戻り、午後からは成東経由で銚子まで行き、銚子電鉄に乗り替えて関東最東端の犬吠埼を訪ねた。三方を太平洋に囲まれた断崖に立つ白亜の灯台の遠望をスケッチしながら、野球と演劇に夢中になっていた若き日の中島監督もきっとこの風景を眺めたことだろうと思った。そう言えば中島監督から以前に聞いた話によれば、東映のシンボルマーク、岩に白い荒波がぶちあたる映像はこの犬吠埼で撮影されたとのこと。中島貞夫監督と東映との関係はここから始まっていたのではないかと、何やら「運命論」におちいってしまう房総への旅であった。

（2021年2月1日付『京都新聞』掲載記事に加筆）

解説　「映画――中島貞夫の、大森俊次の」

大阪大学名誉教授　上倉　庸敬

中島貞夫監督たとえば1972年の映画「木枯し紋次郎 関わりござんせん」。

村人たちが水辺のあばら屋に火をつける。「なぜ火を」と訊ねる紋次郎に村おさが「思い起こしたくないほど恐ろしい不幸があの小屋にはあって」と答える。白煙が噴き出す。「それを早く忘れるにはいっそ焼いてしまえ、と寄合で決まったものじゃから」。その不幸の中身を紋次郎はよく知っている。

煙が黒く変わり猛火が小屋を包む。「確かに、いやな昔はきれいさっぱり燃やしてしまうに越したことはござんせんが」と紋次郎は胸のうちに語りかける。「なかには、けっして燃えきらねえで残る昔もござんす」。言葉を飲み込んで立ち去る紋次郎の背後で、緑濃い水辺を蔽って黒煙が広がり炎が舞う。笠の蔭に表情を沈め、紋次郎は黙って歩く。胸の底に赤い熾火のように不幸が燻っている（シナリオ野上龍雄、撮影わし尾元也、吉村晟の美術、音楽は津島利章である）。

「股旅とは何だろう」と中島貞夫はまず考えたそうである（『遊撃の美学 映画監督中島貞夫（上）』291頁。河野真吾編、ワイズ出版、14年刊）。離脱してアウトローになり「自分を社会から切り離していこうとするほど、その柵《しがらみ》に入ってしまう」、「関わりない」と言いながら関わってしまう、それが紋次郎の「股旅」であろうか。とすればそのとき、燃やし切れない不幸とは何だろう。物語の上からは、幼い紋次郎の命を救い、いま自分の幸せのために紋次郎を敵に売る姉のこととなろう。しかし紋次郎はすでに姉のため命を投げだそうと決めている。姉は消せぬ不幸ではない。

「映画の四日間 ＰＡＲＴ２ 中島貞夫シナリオゼミナール」（１２９頁。吉田馨構成、萌書房、02年刊）は、科白のない情景描写がときに、どれほど雄弁になり得るかを説く。情景は言葉ではなく感覚をとおして、じかにドラマの論理を組みたてるからであろう。燃えあがる炎を背に黙々と歩く紋次郎の光景は、演じる菅原文太の削ぎ落とされた肢体とあいまって紋次郎の、熾火のような「悲しみ」を伝えていると、わたくしには見える。それは紛れもなく中島貞夫の「悲しみ」でもあろう。

中島貞夫を知るには作品を見るに如かない。しかし、言葉で言えないことを映像で表現する中島貞夫は一方でまた、言葉で説明できるかぎりは映画についても自在に言葉をあやつることができた。それは先に挙げた二つの著作がはっきり示しているし、本書で大森俊次の問いに対し、作り手しか語れぬことを淀みなく答える中島貞夫の話からも、あきらかであろう。だが本書の41頁、アニメに乗りだした東映社長の大川博を評して「先を見とおせる経営者」と語った言葉などは、聞き手が大森俊次だったからこそ口を衝いて出た、と言うべきであるように思う。

作品とその技法を問いながら大森俊次は中島貞夫の「私史」また「作品史」を構築し、のみならず、それを簡にして要を得た「東映太秦撮影所史」に綴り合わせる。一監督の「私」が、戦後京都映画の「公」をも明らかにする。類例のないスペクタクルが成就するのは、大森俊次の平易で行き届いた叙述に加えて、その用いる挿画という手段が、映画作品の真実のみに収斂するものではないからである。

「第1章 第8節」は「大奥㊙物語」を取り上げる。多彩華麗なコスチューム・プレイである。そうした映画の視覚資料にはふつうスチルなり当時の写真を用いる。大森俊次は自作の水彩画を使う。

廊下の奥から群れをなして現れる威風堂々の局《つぼね》・年寄《としより》たち。手前でキャメラマンが胡座をかいてキャメラを覗き込む。監督椅子に座るのはもちろん中島貞夫であろう。とは言えこの絵では、中臈の着る打掛の金糸銀糸が、それぞれの身分に合わせて正確に誂えられていることが読み手に伝わるだろうか。大奥の、また撮影の真実が伝わるだろうか。大森俊次の伝えたい真実はそんなところにない。スタッフの背後で涼しい風を送っている扇風機、その存在こそが真実であり、むしろそれだけが真実なのである。大女優の濃やかな心配りを中島貞夫が語りたいと望み、そうした濃やかさとそれに応える新人監督の初心が、その頃の活動屋の真実であったと見つめるポイントで、大森俊次は私を公に入れ替えるのである。

「第9節」は「日本暗殺秘録」。絵は紀尾井坂で大久保利通が襲撃される直前の撮影風景である。下鴨神社の境内、唐十郎ほか状況劇場の面々が刺客に扮して木陰に身をひそめ、向かい側でサングラスの中島貞夫が「まだだ、まだだぞ」とでも言うように右手を伸ばしている。見てきたような大ウソである。

大久保の乗る馬車の後方は薄い紫に白く霞み、そこから手前へ、馬車と刺客の間で木々は徐々に青みどり茶を深め、下生えは形を次第に見せてくる。道はいっそう爽やかに明るいのに、草々が濃さを究めたあたり、袴姿で刃をかまえる暗殺者たちと屹立する樹木。緊迫は絶頂、絵を見るものすら身が引き締まる。中島貞夫の声がいまにも聞こえそうだ、「よーい、スタート!」と。いかにも、撮影現場の意と情をぴたり写せる人が他にいようか。画文の織りなすその綾を川浪春香は「泣きの大森節」と呼びもする（『京都スケッチ帖 郷愁の風景のなかで』まえがき）。

絵は、テクニックの極限で、真実を愛に変える。文が絵と渾然一つになって、本書はまるで典礼祭儀のように、中島貞夫と大森俊次がともに愛してやまない映画に、捧げられている。

追悼・中島貞夫監督——あとがきに代えて

本書の出版を準備し最終校正をしていた6月11日、中島貞夫監督が逝去されました。完成した本書をご覧いただけないまま冥界へ旅立たれてしまわれたことがひたすら無念であり、悔恨の思いでいっぱいです。

中島監督のお話に基づく聞き書き記事の新聞連載が4月に無事に終了し、以前から監督との共著として企画しておりました連載記事の出版化も予定どおりすすみ、残すところ監督に「巻頭言」をご執筆いただくだけの運びとなっていました。

「少し体調が悪いので、快復次第すぐに書くから待っていてね」、これまで僕からの数多くの無理な依頼に一度として約束を違えることがなかった中島監督の言葉です。その後、ご家族から入院が長期化しているとのご連絡をいただいた時点でも、必ずお元気になられて原稿がいただける日がくることを信じて疑いませんでした。

しかしあの几帳面で律義な中島監督のお約束はとうとう果たされることがないまま、ご訃報に接してしまいました。茫然自失の僕を励ましてくれたのは、3年半にわたるヒアリングノートと録音テープに残された中島監督の肉声、そこから浮かび上がる監督の映画に寄せる熱い思いに他なりませんでした。

これを当初計画どおり一冊の本として完成させることが、残された者に課せられた使命であり、浅学菲才の僕にお示しいただいた中島監督のご厚情へのささやかな恩返しではないかと思い至ったのです。ご遺族のご了解を得て、出版社とも相談の上、「あとがき」として準備していた「中島監督からもらった至福の時間」を僭越ながら「まえがき」に移し、こうしてあとがきに代えた追悼文を書かせていただくことになったわけです。

聞き書き作業が始まった経過は「まえがき」にあるとおりですので、ここではヒアリング訪問時の中島監督のご様子などを少し書かせていただくことで、在りし日の監督を偲びたいと思います。

「まあ元気なうちにせいぜい何でもしゃべっておくよ」と笑いながら、終始穏やかにお話いただいた中島監督。見当はずれの質問や答えにくい内容もあったと思われますが、どんな問いにも嫌な顔一つせず真摯に対応いただきました。映画専門用語の意味も正確にわからず自信をなくすたびに、「いや、そういう素人が書いてくれる方が、一般読者向けには却っていいのかも知れないよ」と慰められたことが何度もありました。中島監督のそんな言葉に勇気づけられ、長期連載を続けることが出来たのだと今更ながらありがたく思っています。

ソファにゆったり腰を掛け、遠く過ぎ去った日々を懐かしむかのように目を閉じて静かに語る監督でしたが、デジタル時代の映画のあり方に触れる話題では、青年のような鋭い視線が甦り、聞き手の僕までが思わず背筋を伸ばし直したこともありました。

その日のヒアリングが終わり辞去する際、「新聞を取りにゆくから」とエレベーターで1階へ下り、マンションのエントランスまで見送ってもらったものの、話が途切れず長い時間立ち話をしてしまったことも印象に残っています。体調のよかった頃、下駄履きで竹杖をついての京都御苑の散歩にご一緒した時、その杖を振り振り「これはチャップリンも愛用していた草津市特産の竹根鞭細工なんだ」と嬉しそうに自慢した中島監督の姿も微笑ましい思い出の一つです。

連載番外編「中島監督の故郷を訪ねて」と題して監督の生まれ育った千葉県東金市へのスケッチ旅を

企画した際には、「田舎だから何もない所だよ」と言いながらも、生家だけでなく周辺の名所への詳しい道順まで教えてもらいました。そして描いて帰った僕の拙いスケッチの一枚一枚を懐かし気に見られた時のご様子も忘れられません。

まだまだ教えていただきたいことがありましたが、お聞きできないまま、改まったお礼の言葉も伝えられずにお別れしてしまった今となっては、映画人生60年のひとこまが記された本書を中島貞夫監督のご霊前に捧げることが出来ればせめてもの幸いです。そして生前賜りましたご厚情に深く感謝申し上げるとともに、中島監督のご冥福を衷心よりお祈り申し上げる次第です。

なお聞き書き記事の新聞連載時には、京都新聞社／佐分利恒夫氏、京都民報社／荒川康子氏に一方ならぬお世話になりました。また本書の出版にあたって、大阪大学名誉教授／上倉庸敬先生に過分な解説文をお寄せいただき、岡田榮氏には当初から身近にいてさまざまなご助言をいただきました。各位にあらためて感謝を申し上げます。出版実務に関しては、前2冊の拙著にひき続き親身にお世話いただいた株式会社かもがわ出版／皆川ともえ氏への謝辞を添えさせていただきます。

２０２３年6月　　大森　俊次

中島監督と散歩した京都御苑

中島 貞夫（なかじま さだお）

1934 年千葉県東金市生まれ、東京大学文学部卒業。
1959 年東映に入社。マキノ雅弘、沢島忠、田坂具隆、今井正ら名監督のもとで助監督を務め、64 年に「くノ一忍法」で監督デビュー以降、「893 愚連隊」、「あゝ同期の桜」、「大奥㊙物語」、「日本暗殺秘録」、「木枯し紋次郎」、「狂った野獣」、「日本の首領シリーズ」、「真田幸村の謀略」、「序の舞」、「瀬降り物語」、「極道の妻たちシリーズ」、「多十郎殉愛記」など 63 本の映画を監督。87 年から 08 年まで大阪芸術大学教授として後進育成、映画技術普及に努める。日本映画監督協会新人監督賞、京都市地域文化功労者表彰、日本アカデミー賞会長功労賞、京都府文化特別功労賞、毎日映画コンクール特別賞など多数の受賞歴あり。著書に『殲滅』、『映像のスリット』、『映画の四日間』（1、2）、『遊撃の美学』などがある。
2023 年 6 月逝去。

大森 俊次（おおもり しゅんじ）

1949 年京都市生まれ、大阪経済大学経済学部卒業。
医師協同組合事務局勤務の傍ら水彩スケッチ、エッセイ執筆を続け、退職後、スケッチエッセイストとして活動。2014 年にリーガロイヤルホテル大阪と京都文化博物館で「旅の風景水彩画展」を開催、2018 年に京都文化博物館で「水彩画展　映画のある風景」を開催。著書に『スケッチブックの向こうに　僕の旅エッセイ』、『中島貞夫監督と歩く　京都シネマスケッチ紀行』、『京都スケッチ帖　郷愁の風景のなかで』がある。

中島貞夫監督　映画人生 60 年を語る

2023 年 7 月 20 日　初版発行

著　者—© 中島 貞夫、大森 俊次
発行者—竹村 正治
発行所—株式会社かもがわ出版
〒 602-8119　京都市上京区出水通堀川西入亀屋町 321
営業　TEL：075-432-2868　FAX：075-432-2869
振替　01010-5-12436
編集　TEL：075-432-2934　FAX：075-417-2114

印刷—株式会社シナノ書籍印刷

ISBN　978-4-7803-1285-0　C0074